Verlag | ID: 128-50040-1010-1082

Selbstverpflichtung zum nachhaltigen Publizieren
Nicht nur publizistisch, sondern auch als Unternehmen setzt sich der
oekom verlag konsequent für Nachhaltigkeit ein. Bei Ausstattung und Produktion
der Publikationen orientieren wir uns an höchsten ökologischen Kriterien.
Dieses Buch wurde auf 100 % Recyclingpapier, zertifiziert mit dem FSC®-Siegel und
dem Blauen Engel (RAL-UZ 14), gedruckt. Auch für den Karton des Umschlags
wurde ein Papier aus 100 % Recyclingmaterial, das FSC® ausgezeichnet ist, gewählt.
Alle durch diese Publikation verursachten CO_2-Emissionen werden durch Investitionen
in ein Gold-Standard-Projekt kompensiert. Die Mehrkosten hierfür trägt der Verlag.
Mehr Informationen finden Sie unter:
http://www.oekom.de/allgemeine-verlagsinformationen/nachhaltiger-verlag.html

Bibliografische Information der Deutschen Nationalbibliothek:
Die Deutsche Nationalbibliothek verzeichnet diese Publikation in der
Deutschen Nationalbibliografie; detaillierte bibliografische Daten sind
im Internet unter http://dnb.d-nb.de abrufbar.

© 2017 oekom, München
oekom verlag, Gesellschaft für ökologische Kommunikation mbH,
Waltherstraße 29, 80337 München

Layout und Satz: Reihs Satzstudio, Lohmar
Erstlektorat: Annette Huber, Hamburg
Korrektorat: Maike Specht, Berlin
Umschlagentwurf: Elisabeth Fürnstein, oekom verlag
Umschlagabbildungen: oben: © Ingo Bartussek – Fotolia.com;
unten links: © pete pahham – Fotolia.com; unten Mitte: © VRD – Fotolia.com;
unten rechts: © Wavebreak Media – Fotolia.com
Druck: Bosch-Druck GmbH, Ergolding

Alle Rechte vorbehalten
ISBN 978-3-96006-013-0

Ralf Otterpohl

Das Neue Dorf

_____

Vielfalt leben,
lokal produzieren,
mit Natur und Nachbarn
kooperieren

Dieses Buch widme ich

N I N A   U N D   S T E L L A

Möge es dazu beitragen,
dass die Welt wieder zu einem Paradies
für euch und alle Kinder der Erde wird.

Möge die Wahl sein, in der Stadt mit sauberem Wasser und
Lebensmitteln oder auf dem Land im Garten zu leben!

Paradiesbauer, bitte stellt
am Baum der Erkenntnis dieses Schild auf:
»Genieße den Apfel und
nutze den Verstand stets vom Herzen aus.«

Inhaltsverzeichnis

Einleitung

Vom Wasser zum Boden

Wie ich ein Rebell wurde

Mein Element ist das Wasser. Mein Vater hatte ein Segelboot, mit dem ich als Kind oft auch allein auf dem Steinhuder Meer unterwegs war. Als Jugendlicher hat mich mein Onkel Wulf zum Schnorcheln gebracht. Mit ihm erkundete ich die Unterwasserwelt vieler Küsten des Mittelmeeres. Wir merkten schnell, dass uns an vielen Küsten statt der erwarteten Unterwasserwunderwelt meist nur ein öder Grund voller Seegurken erwartete. Besonders zerstörerisch – das lernte ich schnell – waren die einfach ins Meer geleiteten Fäkalien der Städte und Hotels.

Das Thema begleitete mich auch in meinem Studium des Bauingenieurwesens in Aachen. Hier lernte ich die Siedlungswasserwirtschaft kennen, und mir war sofort klar, dass ich mit Kläranlagen Gewässer schützen wollte. Von einem Tauchkameraden konnte ich einen der begehrten Hiwi-Jobs übernehmen. Durch diesen Job und einen sehr guten Abschluss erhielt ich später die Gelegenheit, eine Doktorarbeit über Computersimulation von Kläranlagen zu schreiben. Mir wurde dabei bewusst, dass Kanalnetze und Kläranlagen in der herkömmlichen Form nicht wirklich sinnvoll sind. Toiletten müssten Humus und Dünger produzieren, statt Wasser zu verschmutzen! Damit wurde ich ein Rebell, und das, ehrlich gesagt, gar nicht so ungern. Um neue Wege gehen zu können, gründete ich ein Ingenieurbüro in Lübeck – am Wasser.

Mit der Computersimulation von Großklärwerken und dem Vertrieb entsprechender Software verdiente ich in wenigen Jahren genug Geld für ein Haus. Etwa die gleiche Summe konnte ich für die Entwicklung neuer

Abwasserkonzepte einsetzen. Erst später wurde mir klar: Wenn man auf seinem Weg ist, läuft es. Ich erfuhr die typischen Reaktionen auf Rebellen: Erst wurde ich lächerlich gemacht, dann kamen teils vehemente Angriffe bei meinen vielen Vorträgen. Dann wurden die neuartigen Sanitärkonzepte ein großes Thema, in das viele Millionen an Forschungsgeldern investiert wurden – die gingen dann aber eher nicht an die Rebellen.

In Lübeck entwickelte ich gleich zu Anfang ein Abwasserkonzept mit Flüssigdünger- und Energieproduktion aus dem getrennt gesammelten Toilettenabwasser und Bioabfall für eine Neubausiedlung. Inzwischen wurden nach diesem Vorbild etliche solcher und ähnlicher Anlagen gebaut, insbesondere in China. In Hamburg wird derzeit eine für etwa zweitausend Einwohner erstellt. Die Technische Universität Hamburg (TUHH) fand meine Arbeiten so interessant, dass ich eine Professur bekam.

Humus sorgt für Wasser, Nahrung und gutes Klima

Guter Boden regeneriert Wasser! Als Wasserexperte habe ich lange gebraucht, das zu verstehen. Nun kann ich es an unsere internationalen Studierenden vermitteln. Die Kurse sind voll, viele Absolventen arbeiten inzwischen in dieser Richtung. Neben genug und gutem Wasser garantiert Humus auch die Nahrungssicherheit und sorgt für ein ausgewogenes Klima. Nach vielen Projekten in afrikanischen Ländern, vor allem in Äthiopien, habe ich den Zusammenhang von Wasser, Boden und Klima inzwischen auch praktisch erfahren. Erosion und Humusverlust sind eine wesentliche Bedrohung für die Zukunft der Menschheit. Ich habe gemerkt, dass auch Deutschland bereits sehr viel Humus verloren hat – und einen großen Teil der Landbevölkerung.

Der Millenniums-Ökosystem-Report der Vereinten Nationen (UN)[1] hat festgestellt, dass bereits zwischen 1950 und 1990 global ein Drittel aller Agrarflächen stark degradiert oder zerstört waren! Die agrochemische Landwirtschaft hat eine absurd niedrige Produktivität, der Boden ist oft schon nach wenigen Jahrzehnten kaputt. Der vermeintliche Vorteil ist die Einsparung von Arbeitskräften, die Kehrseite davon ist die Landflucht. Gute Biolandwirtschaft produziert genauso viel, das aber dauerhaft. Kleine Flächen mit hoher Nutzpflanzenvielfalt können sogar leicht ein Vielfaches der Flächenlandwirtschaft produzieren und dabei schnell Humus aufbauen. Ein gutes Leben mit Gartenbau in Teilzeit ist machbar – die Urbanisierung ist zu weit gegangen, Stadtflucht ist angesagt.

Ein gutes Leben auf dem Land!

Ich habe meine Forschungsarbeit inzwischen auf Bodenregeneration ausgerichtet. Dafür braucht es Millionen von Menschen. Die wesentliche Frage lautet: Wie ist ein sehr gutes Leben auf dem Land möglich? Wie können wir den Humus für ganze Regionen in Afrika oder Europa bei hoher Produktivität aufbauen? Als Antwort auf diese Frage entstand die Idee des »Neuen Dorfes«.[2]

Die Stadt ist bunt und quirlig, aber auch lärmig. Eine teure Wohnung mit Blick auf andere Wohnungen über eine Straße – Käfighaltung? Die glänzende Karriereleiter – vielleicht doch ein Hamsterrad ohne Sinn? Funktionieren in der Routine, teils über Jahrzehnte? Abhängiger Konsument bleiben, statt Produzent zu werden?

Wie können demgegenüber Arbeit und Leben abwechslungsreich, wirkliches Erleben sein? Ein befreundeter ganzheitlicher Mediziner stellt in seiner Praxis gern die simple Frage: »Was lässt Ihr Herz singen?« Dabei sollen oft selbst äußerlich sehr erfolgreiche Menschen zusammenbrechen. Vieles ist Scheinwelt. Ich bin froh, dass ich für mich selber viele Traumatisierungen und Verstrickungen auflösen konnte und damit meinen eigenen Weg gehen kann. Jetzt möchte ich noch mehr nach draußen[3] und baue mein Permakulturgelände auf: Das Leben in, mit und von Garten und Wald bietet eine Rückverbindung mit der vitalen Natur, auch weit über das wissenschaftlich Greifbare hinaus.

Wie wäre es, ein Neues Dorf zu gründen? Ein wesentliches Standbein ist der Gartenbau in Minifarmen. Ich habe in Norwegen gesehen, dass Herwig Pommeresche mit intensivem Humusaufbau und -füttern 18 Kilo Zwiebeln pro Quadratmeter produziert, statt der üblichen zwei bis drei. Auf nur tausend Quadratmeter Nettobeetfläche können nach wissenschaftlichen Untersuchungen auf der »Ferme du Bec Hellouin«,[4] Nordfrankreich, mit Polykulturen und einer Arbeitsstelle über 40.000 Euro pro Jahr erwirtschaftet werden. Tausende von Besuchern pro Woche, darunter viele junge Leute, schauen sich inzwischen diese Minifarm an, die Busse bilden lange Schlangen. Ähnlich gute Erträge hat die Minifarm »La Grelinette« in Quebec, Kanada, seit Jahren erreicht. Der Humus, das Können und das Wissen müssen vorher aufgebaut werden. Das geht gut zusammen mit lokaler Produktion in Gruppen von Kleinbetrieben.

Freiheit durch lokale Wirtschaft

Ich wurde vor Kurzem von der »Schumacher Gesellschaft« nach München zu einem Vortrag über das Neue Dorf eingeladen. E. F. Schumacher war mit seinem Buch »Small is Beautiful«[5] weltbekannt geworden. Erst jetzt merke ich, wie wichtig sein Buch wirklich ist. Er hatte als brillanter Ökonom bereits im Jahr 1973 gezeigt, dass lokale Wirtschaft für die Gesellschaft besonders nutzbringend ist. Unternehmen sollten nur durch aktiv tätige Unternehmer betrieben werden dürfen – warum steht das nicht in allen Parteiprogrammen?

Schumacher warnte vor der automatisch immer stärkeren Macht von Großkonzernen. Die Rückkehr zu lokaler Produktion durch in ihrem Betrieb tätige Unternehmer dient dem Erhalt des guten Lebens, schafft persönliche Handlungsoptionen und Freiheit. Ich bin mir inzwischen sicher: Ein gutes Leben auf dem Land als Produzent ist global für viele Milliarden Menschen möglich und dringend nötig. Landflucht und Migration wegen Bodenzerstörung können damit umgekehrt werden.

Soll in der Stadt leben, wer will! Wenn Humus und Lokalwirtschaft von ganz vielen Menschen aufgebaut werden, kann es sogar für die Städte eine gute Zukunft geben.

Mit diesem Buch möchte ich Sie, liebe Leser, zur Gründung von Minifarmen und Neuen Dörfern anstiften. Diese sorgen für vitale Nahrung, ein ausgeglichenes Klima und für die Regeneration von lebendigem Wasser. Ich habe in Praxis und Theorie gelernt, dass ganz vieles geht, und bin Optimist geworden! Das Thema »Neues Dorf« lässt mein Herz singen, dieses Buch wird mit Freude geschrieben. Meine Motivation ist die Liebe zum Wasser und zur Erde.

Teil I

Konzept und Grundlagen des Neuen Dorfes

1

Neues Dorf – was ist das?

*»Die Biogärten von heute sind die Experimentalflächen
für die Landwirtschaft von morgen. Tatsächlich könnte die typische Farm
der Zukunft einfach ein sehr großer Garten sein.«*
Robert Rodale[6] im Gespräch mit Gene Logsdon, USA, 1984

Die Minifarm, ein sehr großer Garten

Das Neue Dorf ist ein Konzept für eine andere Art von Bauernhof, der aus vielen Minifarmen besteht. Zusätzlich soll es dort viele weitere Kleinbetriebe, Werkstätten, Gemeinschaftsbüros, Kita und Schule, Laden, Café, Heilpraxis, häusliche Altenpflege und vieles mehr geben. Das Neue Dorf kann als Genossenschaft organisiert sein, an der die Eigentümer Anteile erwerben. Um die 150 Menschen entsprechen der uralten Clangröße, bis zu 300 Menschen kennen sich zumindest noch vom Sehen. Größer sollte das Neue Dorf nicht werden. Durch die Gründung weiterer Dörfer in der Umgebung kann ein Gartenring um eine Stadt entstehen. Es gibt viele Möglichkeiten, erste reale Gründungen laufen. Sie sind noch im Aufbau. Wie die Gründung solcher Neuer Dörfer aussehen könnte, stelle ich anhand einiger fiktiver Beispiele dar:

Beispiel 1: hundert Hektar – hundert Familien

Ein geeigneter Bauernhof ist gefunden. Schöne Lage am See, Fluss, Wald oder Berg, nicht allzu weit von einer Stadt. Eine Genossenschaft mit 150 Mitgliedern richtet auf dem Gelände 100 Minifarmen ein. Statt einer Familie, die vorher die 100 Hektar[7] bewirtschaftete, können jetzt 100 Einzelpersonen, Familien oder WGs Minifarmen betreiben. Es soll im Neuen Dorf nicht nur um Selbstversorgung gehen, sondern um die Versorgung der Umgebung und einer Stadt. Die Menschen, die einen ganzen Hektar bewirtschaften, müssen viel Erfahrung und Fachwissen haben. Diese Fläche würde in biointensiver Polykultur Vollzeitarbeit für mehrere Leute ergeben. Die Minifarmen werden von vielfältigen anderen Kleinbetrieben ergänzt und können eine gemeinsame Vermarktung aufbauen. Die Produkte werden morgens geerntet, sind mittags beim Kunden in der Stadt – die Vitalkraft ist noch vorhanden, das sind wahre »Lebens«-mittel.

Die Besitzer der Minifarmen können je nach Bedarf und Möglichkeiten kleinere oder größere Ökohäuser und zumindest ein großes Gewächshaus (vielleicht mit Sofaecke?!) bauen. Die Häuser sind nach einem zinsfreien Genossenschaftsmodell nach zehn bis 15 Jahren abbezahlt und haben sehr geringe Betriebskosten. Damit steht dann neben einem eigenen Betrieb auch ein erheblicher Teil einer realen Alterssicherung. Im Hofgebäude gibt es einige Wohnungen, einen Laden, einen Café-Restaurant-Seminar-Tanzraum, Werkstätten, Gemeinschaftsbüros, kleine Produktionsbetriebe mit 3-D-Druckern, Heilpraxis, Kita und Schule, Altenpflege, Maschinen- und Fahrzeugtauschring. Der 55-Sitze-Bus eines der Kleinunternehmen fährt täglich mit angehängtem Gemüsestand in die Stadt und bietet dabei einen zuverlässigen Liniendienst auf der Strecke.

Beispiel 2: Dorferneuerung

Ein anderes Modell: Der Gemeinderat in einem aussterbenden Dorf stimmt nach mehreren Gesprächen und Projektvorstellungen dem Zuzug einer Gruppe von 100 Menschen zu, die verfallende Gebäude renovieren und eine Vielzahl von Permakultur-Gartenbaubetrieben auf umliegenden landwirtschaftlichen Flächen einrichten. Die alten Pachtverträge der Bauern waren inzwischen ausgelaufen, das Dorf würde durch Bioanbau in Zukunft ganzjährig giftfrei bleiben. Es wird ein zentrales Mehrzweckgebäude errichtet, neben einigen Kleinbetrieben und Gemeinschaftsbüros mit sehr schnellem Internet werden betreute Wohngruppen für interessierte Behinderte und Alte aufgebaut.

Beispiel 3: das Investorenmodell nach Landgrabbing

Die Investoren eines »Grünen Pensionsfonds« haben weite Landstriche in Mecklenburg-Vorpommern und Niedersachsen erworben: Landgrabbing. Mit Bauchschmerzen hatten die meisten Bauern ihre Äcker für hohe Summen verkauft. Die Finanzjongleure hatten »Grüne Fonds« auf der Basis von Land aufgebaut. Nach diesem Landgrabbing wurde der Boden durch noch größere Maschinen mit absoluter Rücksichtslosigkeit für höchste kurzfristige Rentabilität immer schneller degradiert. Dem Fondsmanagement wurde dann von der Gruppe »Neues Dorf Neuenhausen« gezeigt, dass die Produktion absehbar zusammenbrechen würde, was auch die Sicherung der fernen Geldanleger und die Einkommen der Manager gefährden würde. Da inzwischen viele solche Fälle besonders in den USA bekannt waren, kam es zu einem Gespräch. Die Manager schauten ein Video über das Konzept an und stimmten nach genauer Prüfung der Unterlagen zu. Nach und nach wurden nach diesem Modell Flächen an weitere ökologisch wirtschaftende Gartenring-Genossenschaften in Erbpacht übergeben. Später, als das Neue Dorf etabliert war, wurden die Investoren zum Urlaub eingeladen. Durch den Urlaub in Neuendorf konnten sie zumindest einen Teil des Geldes zurück in die lokale Wirtschaft bringen.

Beispiel 4: Slope Farming in Afrika[8]

In Äthiopien regeneriert eine Gruppe von 300 Menschen in Zusammenarbeit mit den örtlichen Behörden stark erodiertes Land am Hang. Die Gruppe entstand aus dem »Slope Farming«-Projekt der Arba Minch University, der lokalen Behörde und meinem Institut an der TU Hamburg. Wir konnten in diesem studentischen Modellprojekt zeigen, dass das Land mit einer Kombination von Maßnahmen in wenigen Jahren nicht nur regeneriert, sondern sogar hochproduktiv werden kann.

Ich war wegen Projekten zum Aufbau ökologischer Wasserkonzepte über etwa 15 Jahre immer wieder in der Region. Es war schmerzhaft, den massiven Bodenverlust zu sehen, was mich letztlich zum Start des Projektes gebracht hat. Das große Engagement vieler Studenten und einiger Doktoranden zeigt mir deutlich, dass eine gute Zukunft für alle machbar ist. Durch die immer stärkere Erosion hatte es verheerende Überschwemmungen gegeben, diese wurden durch das wachsende Slope-Farming-Projekt deutlich verringert. Wesentliche Elemente sind das Rainwater Harvesting und das Pflanzen von Bäumen zur lebenden Hangstabilisierung auf immer größeren Flächen.

So weit meine eigentlich leicht realisierbaren Visionen ... Inzwischen habe ich »Jamilanda« von Alexander Baltosée gelesen. Er rollt auf 700 Seiten in Romanform eine noch sehr viel weiter gehende, märchenhafte Geschichte vom Neuen Leben auf dem Land aus. Es gibt so viele gute Ideen, und es kann noch ganz vieles entdeckt werden. Dafür wäre die Umstellung eines Teils der Forschung an Hochschulen auf ländliche Entwicklung hilfreich. An der TUHH haben wir einfach schon mal damit angefangen.

Das Neue Dorf konkret

Es gibt unendlich viele Möglichkeiten für attraktive und produktive Siedlungen auf dem Land. Nach vielen Diskussionen, Besuchen auf dem Land und Rückmeldungen auf Veröffentlichungen und Vorträge stelle ich mir Neue Dörfer etwa so vor: Das Projekt hat ein spannendes soziales Umfeld für alle Altersgruppen, die Einwohnerzahl könnte dabei zwischen etwa 150 bis 300 Personen liegen. Wenn mehr als 300 Menschen mitmachen, sollten besser zwei Nachbardörfer gegründet werden; weniger als 150 Personen bedeuten besonders bei Alleinlage eine Einengung der sozialen und beruflichen Möglichkeiten. Wichtig ist, dass die Ansiedlungen in einem günstigen Abstand zu einer Stadt entstehen. Diese kann mit Lebensmitteln und vielen anderen Produkten versorgt werden. Umgekehrt kann eine nicht zu ferne Stadt auch das Leben für die Dorfbewohner interessanter machen. In der Nähe kleinerer Städte können Neue Dörfer auch in Fahrradentfernung entstehen. Es wird nicht immer ideal passen, es sollten aber nicht zu viele Kompromisse nötig sein.

Die Grundfläche der Neuen Dörfer sollte für produktive Waldgärten, viele Gartenbaubetriebe und Freilandtierhaltung ausgelegt sein. Dazu gehören Weiden mit vielseitig produktiven Bäumen wie Esskastanien. Ein Neues Dorf mit 150 Menschen entspricht ungefähr der Gesamtfläche

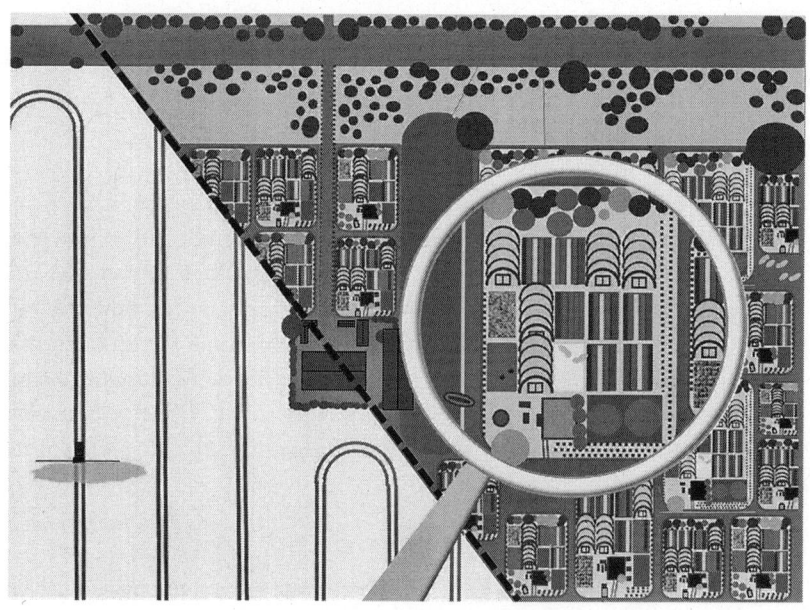

Abbildung 1:
Vom Bauernhof zum Neuen Dorf (Skizze des Autors)

eines mittelgroßen Bauernhofes, besteht aber etwa aus 100 Minifarmen mit Wohnhäusern auf den jeweiligen Gartengeländen. Es könnte aber auch eine Teilfläche (die vielleicht ohnehin zu viel Neigung aufweist?) von sehr großen Betrieben gekauft oder in Erbpacht übernommen werden. Für den Bauern kann das mehr Einkommen und eine interessantere Umgebung bringen. In Deutschland muss ohnehin ein Bauer dabei sein, damit die Hofstelle von den Behörden akzeptiert wird.

Das Dorfzentrum entspricht den Hofgebäuden – bei der Umwandlung bestehender Höfe können diese Räume entsprechend umgebaut werden. Abbildung 1 zeigt ein Beispiel für ein solches Dorf mit vielen Gewächshäusern.

Bei Neubau ohne vorhandene Hofgebäude besteht die Chance, ein ausdrucksstarkes Gebäude als Element der Neuentwicklung anstelle von Gutshaus, Schloss oder Burg zu entwickeln. Im Flachland könnte man zum Beispiel einen hohen Turm bauen – für den Weitblick, für die Erkennbarkeit, für die Identifikation mit dem Dorf sowie für den Wasserdruck und die Feuerwehr.

Wohnungen im Neuen Dorf

Es kann natürlich auch Wohnungen im Dorfzentrum geben. Das Wohnen auf landwirtschaftlichem Gelände soll nur dann möglich sein, wenn auch landwirtschaftlich gearbeitet wird. Um das Dorfzentrum herum können Gärten von Wohnungen und Hausgemeinschaften bewirtschaftet werden. Das Zusammenleben mit den Pflanzen und Tieren in einem eigenen Gartenbaubetrieb ist aber entscheidend für den Erfolg der Minifarmen. Ich schlage auch für die Gartenbaubetriebe Teilzeitarbeit vor; und gerade dazu muss man nah am ganztägigen Geschehen sein – und am nächtlichen der Schnecken.

Arbeiten im Neuen Dorf

Strukturbedingt gibt es auf dem Land inzwischen nur noch wenige Arbeitsplätze, daher müssen vielfältige Teilerwerbsmöglichkeiten geschaffen werden. Es können Kombinationen nach Wunsch und Talent geschaffen werden. So können Gruppen von Kleinunternehmen entstehen, die in Teilzeit Gartenbau betreiben. Kostengünstiger Zugang zu Land in Erbpacht, als Genossenschaftsanteil oder in Eigentum ist wesentlich und passt zu den üblichen Preisen von Agrarland und Waldflächen. Mir erscheint der Ausschluss von Spekulation durch eine Koppelung an die üblichen Preise für Agrarland wichtig, damit auch dauerhaft der Einstieg junger Menschen mit wenig Kapital möglich ist.

Neben den Gartenbaubetrieben sollte es eine vielfältige ökologische Produktion einschließlich einer breiten Palette von Gütern des täglichen Bedarfs geben. Neben den Produktionsmöglichkeiten gibt es vielfältige Dienstleistungen, die ich weiter unten darstelle.

Zielgruppen: Haben oder Sein?

Natürlich stellt sich bei einem Neuen Dorf die Frage, wer es bewohnen wird. Wen spricht es an? Geht es den zukünftigen Bewohnern um Haben oder Sein? Starke Statusorientierung und vorwiegend materialistisches

Denken sind oft gekoppelt mit gefestigten Hierarchien, ständigem Wettbewerb und unterdrückter Angst. Menschen mit einem überwiegend statusorientierten Lebensmodell werden sich vom Neuen Dorf eher nicht angesprochen fühlen, und das ist vermutlich auch gut so: Paare, die nicht das gleiche Grundmodell haben, trennen sich oft. Für Menschen mit überwiegender Orientierung auf den Lebenssinn, den Wunsch, etwas für die Gemeinschaft, die Gesellschaft zu tun und in der Natur leben zu wollen, kann das Neue Dorf sehr attraktiv sein.

Lebensentwürfe im Neuen Dorf

Bei meiner üblichen Frage an die Master-Absolventen der TUHH »Was wollen Sie beruflich jetzt machen?« kommt oft heraus, dass sie keine klare Idee haben. Das ist erstaunlich, da unsere Ingenieure es eher nicht schwer haben, eine gut bezahlte Arbeit zu finden. Nach vielen Nachfragen weiß ich inzwischen, dass viele junge Menschen die üblichen Jobs und Lebensentwürfe nicht besonders attraktiv finden. Die scheinbar fehlende Orientierung ist also eher die fehlende Begeisterung für die bestehenden Möglichkeiten. Zugleich sind zumindest viele unserer Absolventen der Fächer wie »Wasser und Umwelt« oder »Regenerative Energie« an der Idee der Neuen Dörfer interessiert.

Viele Regionen in Europa und Nordamerika haben bei sinkenden Einwohnerzahlen anteilig immer mehr alte Menschen. Die üblichen Altenheime, Pflegeeinrichtungen und die häusliche Pflege mit prekärer und oft semilegaler Beschäftigung sind in vielen Fällen unzumutbar. In der ganzheitlichen Medizin sind die vielfältigen Ursachen chronischer Krankheiten bekannt: Aktive und reflektierende Menschen können mit guter Nahrung und Bewegung (auch mal aus der Puste kommen!) oft ein Leben lang gesund und mental fit bleiben. Dabei ist auch das »Gebrauchtwerden« wichtig.

Im Neuen Dorf können Menschen mit großer Erfahrung viele wichtige Beiträge leisten. Das berufliche Wissen und Können kann weiter vermittelt, Gartenbau betrieben werden, Teilzeitarbeit in Werkstätten und Gemeinschaftsbüros ist leicht machbar. Mit sechzig in ein Neues Dorf zu ziehen kann eine großartige Option für aktive Ältere sein. Viele sind nicht mehr so stark ortsgebunden. Wenn Neue Dörfer in Zukunft zum üblichen Umfeld der Städte gehören, kann auch die Nähe zu Familie und Freunden beibehalten werden.

Das generationsübergreifende Wohnen im Neuen Dorf ist eine gute Option; modulare Häuser erlauben Nähe bei eigenen Eingangstüren. Ganz wichtig sind die älteren Menschen, die nicht nur ihre Erfahrung teilen, sondern auch investieren können. Noch wichtiger kann der Vorlauf beim Aufbau von Humusboden sein, den ältere Menschen ohne Einkommensdruck über einige Jahre leisten und so auch Lebensperspektiven für junge Menschen mit aufbauen können. Die jungen Alten und die jüngeren Menschen können stationäre Pflege im Neuen Dorf anbieten, sodass auch im sehr hohen Alter niemand wegen fehlender Unterstützung wegziehen muss.

Ziemlich beste Orte: Standortkriterien

Tolle Wohnorte zu suchen finde ich absolut faszinierend. Als ich mein eigenes Ingenieurbüro aufgemacht habe, konnte ich frei wählen. Das Büro in Lübeck hatte dann Wasserblick, lag in der historischen Altstadt, und es gab Flüsse zum Schwimmen und für Bootsausflüge. Auch der Ostseestrand war nicht zu weit weg. Da ich in der Ökoszene viele Leute kannte, konnte ich eine große ökologische Neubausiedlung mit planen. Das daraus entstandene Abwasserkonzept zog später Tausende Fachbesucher aus aller Welt an und ist heute Vorbild für viele andere Projekte. Die Standortwahl hatte eine überraschend gute Eigendynamik entwickelt.

Menschen können sich einen Garten Eden schaffen. Ein 250-Quadratmeter-Loft mit Wasserblick am Park in der coolen Großstadt mag für einige machbar sein. Auf dem Land kann sich aber jede und jeder echte Paradiese schaffen und ein gutes Auskommen mit einem sinnerfüllten und selbstbestimmten Leben verbinden.

Das wesentliche Ziel eines Neuen Dorfes sollte das gute Leben als kreativer Bestandteil einer immer vielfältigeren und produktiven Natur sein! Gartenringdörfer sollten so attraktiv werden, dass eine ausgewogene Auswahl aus Interessenten möglich ist. Daher ist eine schöne Umgebung mit Wäldern, Flüssen, einem See, Bergen oder Meeresstrand ein wichtiger Faktor. Das gute Leben auf dem Land erfordert aber ganz wesentlich auch eine lokale Wirtschaft mit Vermarktungsmöglichkeiten. Da der Gartenring als Versorgungsregion für eine Stadt konzipiert ist, sind deren Erreichbarkeit, Bevölkerungsstruktur und Attraktivität von zentraler Bedeutung. Im Gegensatz zu einzelnen Kleinbetrieben spielt die Transportentfernung eine geringere Rolle, da die Vermarktung für sehr viele Minifarmen und andere Betriebe gemeinsam erfolgen kann. Trotzdem sollte die realistische Fahrzeit für einen großen Bus möglichst nicht viel über einer Stunde liegen. Bei vielen kleineren Städten besonders in Nord- und Ostdeutschland ist der Bereich bezahlbarer Landpreise oft bereits in wenigen Fahrminuten erreicht. Aber auch bei einer Stunde Anfahrt zum Marktstand kann die Ware am selben Tag geerntet werden.

Wer als Ortsfremder die Initiative für ein Gartenringdorf ergreift, sollte von Anfang an mit Interessierten aus der Umgebung Kontakt aufnehmen. Bei der Standortsuche können Minifarmen im Verbund mit weiteren Unternehmensgründungen bei Bürgermeistern und Gemeinderäten selbstbewusst und professionell vertreten werden. Die Schaffung vieler Arbeitsplätze mit echter Wertschöpfung ist auf dem Land ohnehin parteiübergreifend von großem Interesse. Die Gemeinde muss der Neustrukturierung von Bauernhöfen in Minifarmen mit Wohnmöglichkeit zustimmen, was nach dem bestehenden Landwirtschaftsprivileg möglich ist. Dabei gibt es immer die Auflage, dass landwirtschaftliche Produktion betrieben wird. Die Satzung für diese Flächen sollte dann zugleich auch ökologischen Anbau, Humuserhalt und die Freilandhaltung von Herdentieren mit ausschließlich lokalem Futter vorschreiben.

Wegen der Energiewende gibt es besonders in Süddeutschland einen großen Bedarf an Ausgleichsflächen für die geplanten Stromtrassen. Dafür gibt es gesetzliche Auflagen, aber wenig verfügbaren Raum. Der Permakulturlehrer und Bauer Robert Briechle hat den Vorschlag gemacht, einen Teil der auf Minifarmen entstehenden Flächen wegen ihrer sehr hohen Artenvielfalt als Ausgleichsfläche zu verwenden. Das kann für die Gemeinde ein Vorteil sein und die Finanzierung der Aufbauphase sehr erleichtern.

Einbeziehung von Einheimischen

Der Austausch mit der lokalen Bevölkerung, die Erläuterung der Pläne in einer frühen Phase sowie die Einbeziehung der Menschen und ihres Wissens werden vielen Neudörflern selbstverständlich sein. Ein Besuch beim Bürgermeister ist ein guter erster Schritt, daraus könnte dann eine Einladung für die Vorstellung beim Gemeinderat erfolgen.

Meine bisherigen Kontakte in Sachen Neues Dorf waren bisher durchweg sehr positiv. Pragmatisch gesehen, kann man durch diese Respektbezeugung nervige Konflikte vermeiden und zusätzlich Land und Leute kennenlernen. Bei der Vorstellung von Plänen können die Neuen Kaffee und Kuchen anbieten. Nach meiner Erfahrung sind Büfett und Stehtische zum Kennenlernen sowie einige Stellwände mit gut gestalteten Postern zur Information gut geeignet, um mit der lokalen Bevölkerung in Kontakt zu kommen.

Leer stehende Gebäude in schrumpfenden Dörfern können Teil der Entwicklung sein. Das Neue Dorf ist aber aus meiner Sicht zunächst eher keine Dorferneuerung, sondern die Schaffung von vielen Kleinbetrieben und Arbeitsmöglichkeiten. Bestehende Dörfer sind dafür wegen hoher Renovierungskosten und meist für Minifarmen zu kleiner Grundstücke oft nicht geeignet. Das Neue Dorf kann aber die bestehenden Dörfer mit beleben. Ich kenne bei vielen der größeren Ökodörfer Menschen, die sich in der Umgebung ansiedeln. Es gibt immer mehr aktive Dörfer oder Dorfgruppen, die man ansprechen kann.

Ein Beispiel ist die »Fränkische Gemeinde-Allianz Hofheimer Land«, die unter anderem mit einem Leerstandskataster mit Lageplan Möglichkeiten aufzeigt und den Neubau von reinen Wohnhäusern vermeidet.[9] Die Förderung des Aufbaus von lokalen Betrieben in Bestand wie Neubau ist oft ein wesentlicher Teil der Aktivitäten der Gemeinden, die den Verfall nicht hinnehmen.

Eine öffentliche Ankündigung der Gründungsabsicht sollte erst erfolgen, wenn es nach Gesprächen mit dem Gemeinderat tatsächlich die konkrete Möglichkeit der Realisierung gibt. Die aufwendige Suche und Auswahl von um die 200 Menschen ist nur dann sinnvoll, wenn schon bald eine Anzahlung geleistet werden kann. Dann sind die Schnacker oder Schmatzer weg, und man weiß, wer wirklich an diesem Standort dabei sein will. Ideal ist eine Genossenschaft, die die Einzahlungen zum Landkauf im Grundbuch sichern kann – mit gegenseitiger Verbindlichkeit.

Der Gartenring

Gartenringe oder Gartenregionen können entstehen, wenn es mehrere Neue Dörfer gibt. Die Gartenringe entstehen am besten um Städte herum, um ein ausreichendes Potenzial an Kunden zu gewährleisten. Bei mehreren Neuen Dörfern kann es in der Produktion Spezialisierungen, gemeinsamen Einkauf und einen Austausch von Waren und Ideen geben. Gemeinsame Schulkonzepte und Kulturveranstaltungen bieten sich an. Für Entscheidungen im Großen sind die Gemeinderäte zuständig, ansonsten sind die Genossenschaften für das Zusammenwirken im Dorf mit seinen vielen Kleinbetrieben verantwortlich. Gemeinsame Betriebe können im Rahmen der üblichen rechtlichen Möglichkeiten gestaltet werden.

Das Neue Dorf und der Gartenring sind kein fertiges Konzept. Menschen, die so leben wollen, können entsprechende Gruppen aufbauen. Der Aufbau wird nur funktionieren, wenn genügend selbstmotivierte und lernfähige Anpacker dabei sind. Jeder sollte jeweils mehrere Erwerbsmöglichkeiten vorsehen, was entsprechende Fähigkeiten erfordert. Durch geringere Ausgaben mit effizienten modularen Häusern ist eine hohe Lebensqualität möglich. Mit vielen Neuen Dörfern können paradiesische Gartenringe um die Städte herum wachsen. Gartenringdörfer sind aus meiner Sicht nicht nur wegen des aktuellen Bodenkollapses zur Zukunftssicherung dringend erforderlich.

Aber wie können kreative Dorfplaner, Genossenschaftsgründer viele tolle Menschen mit Herz und Hand an den Boden bringen? Wie erreiche ich die Menschen mit all ihren Einwänden?

2

Ja, aber: die Einwände

Ich habe festgestellt, dass viele Menschen die Idee des Neuen Dorfes zwar spannend finden, ihr aber auch erst einmal mit viel Skepsis begegnen. »Ja, aber« höre ich in Gesprächen häufig. Diesen »Ja, aber« möchte ich im Folgenden begegnen.

Auf dem Land kann man doch nicht leben!

Vielleicht wird das Leben in der Stadt auch für Sie in Zukunft schwieriger – Robotisierung und Digitalisierung gefährden Arbeitsplätze, Mieten steigen, das soziale Netz wird durchlässiger. Auf dem Land kann man produzieren und gestalten, ein gutes Leben aufbauen.

Ich kann nur in der Großstadt wohnen!

Dann sollten Sie dort auch wohnen. Sie gehen aber dort vielleicht auf den Wochenmarkt und kaufen die hochwertigen frischen Gemüse aus den Gartenringdörfern. So wird gemeinsam für lebendige Böden, eine schöne Umgebung und für sauberes Wasser gesorgt.

Das ist doch langweilig …

Wenn Sie mit 150 mehr oder weniger interessanten Nachbarn siedeln? Sie oft die Ruhe genießen können? Sie selber mit dem Freundeskreis Kultur kreieren statt konsumieren können? Und man kann ja einfach ab und zu in die Stadt fahren, das Neue Dorf ist nicht in der Pampa.

Das wird doch eine elende Plackerei!

Kann passieren! Aber kennen Sie die vielen tollen Methoden, die eine sehr hohe Produktivität mit abwechslungsreicher Tätigkeit verbinden? Wollen Sie Jahrzehnte nur am Schreibtisch arbeiten? Reicht vielleicht auch ein Drittel des Arbeitstages am Computer?

Da kann ich doch nie wieder Urlaub machen!

Urlaub von was? Wenn man im Neuen Dorf reif für die Insel ist, kann man einfach zum Strand gehen. Kein Neues Dorf ohne eigenen Badestrand oder Berg und Wald! Bei Lust auf Fernreisen kann man die befreundeten Projekte in Afrika unterstützen: vor Ort lernen, mitmachen und mindestens drei Monate bleiben. Dabei einen fiesen Herbst auslassen, in dem man ohnehin nicht gärtnern kann …

Was ist, wenn ich krank oder alt und hilflos werde?

Die moderne Akut- und Zahnmedizin ist eine großartige Errungenschaft. Das Neue Dorf ist typischerweise in der Nähe einer Stadt. Chronische Krankheiten sind besser präventiv zu vermeiden und in vielen Fällen besser mit Komplementärmedizin zu behandeln. Altenpflege möglichst im eigenen Haus oder der Wohnung sollte angeboten werden, auch daraus können etliche Teilzeitstellen entstehen.

Bei so vielen Leuten wird es Konflikte ohne Ende geben!

Stimmt. Das ist eine der wesentlichen Herausforderungen. Ist eine Nachbarschaft, die über eine Genossenschaft die wesentlichen rechtlichen Beziehungen regelt, einfacher als eine enge Gemeinschaft mit häufigem Plenum? Sind überschaubare Gruppen für Gemeinschaftsbüros oder gemeinsam genutzte Werkstätten schwierig? In der Stadt gibt es viel mehr Menschen – und auch viel mehr Konflikte.

Alle müssen vegan und buddhistisch leben?

Wie können begeisterte Veganer mit Menschen leben, die Kühen oder Wasserbüffeln ein gutes Leben ermöglichen, sie dann aber auch schlachten und auf den Grill packen? Die Freiheit der Entscheidung jedes Einzelnen ist ein sehr hohes Gut. Das gilt natürlich auch für Toleranz gegenüber friedlicher Religionsausübung und dem spirituellen Leben im Umfeld.

Ich sehe Familie und Freunde nicht mehr!

Man kann in der Wallachei siedeln, idealerweise entstehen Neue Dörfer aber in sinnvoller Fahrentfernung von der Lieblingsstadt. Wenn das Dorf gelingt, wird es dann zumindest über den Sommer einen ziemlichen Andrang am Wochenende und in den Ferien geben.

Dann fangen viele an, täglich in die Stadt zu pendeln!

Das ist ein ernsthaftes Argument. Allerdings machen das bei einer Stunde Fahrzeit für einen Weg eher nur ganz schmerzfreie Mitmenschen.[10] Andere können mit Pendeln die Aufbauzeit des Permakulturgartens und des Hauses überbrücken. Werden die Pendler im Gartenring dann Fahrgemeinschaften bilden und zugleich Ware ausliefern? Bei Kleinstädten kann man ohnehin auch mit dem Fahrrad pendeln.

Aber die Versiegelung wird schlimmer!

Das richtige Argument am falschen Platz! Neue Dörfer wandeln ausgeräumte und vergiftete Agrarwüsten in produktive Paradiese mit enormer Vielfalt um.

Die Schule ist zu weit weg!

Können Sie sich vorstellen, dass Kindergarten und Schule gleich mitgegründet werden? Hat das Neue Dorf selber oder nebenan eine gute Schule?

Es gibt kein Kanalnetz, kein Wasser, keine Straßen!

Ein zentrales Kanalnetz wäre für ein Dorf eine üble Kostenfalle, ist aber auch nicht erforderlich. Dezentrale Systeme sind verfügbar, Toiletten produzieren Humus für Nutzpflanzen und die Baumpflanzungen. Sie wollten doch vielleicht auch schon immer lieber einen eigenen Brunnen haben, der auch bei Stromausfall noch mit der im Dorf produzierten Handpumpe funktioniert? Nebenstraßen werden wassergebunden aus dem örtlichen Boden billig hergestellt.

Die nächste Uni ist weit weg!

Den Dorfkindern tut es sicher gut, auch mal wegzugehen und während des Studiums in die Universitätsstädte zu ziehen. Die Gartenringe können dezentrale Universitäten für organische Landwirtschaft, Gartenbau und Permakultur, Dorfentwicklung, Mitmachkultur, lokale Produktion, Energie- und Wasserautarkie und vieles mehr gründen.

Die Alteingesessenen werden eine Abwehrhaltung haben!

Das wird es geben! Kann man Einheimische einbeziehen? Wie kommen Sie in Kontakt zu rückkehrwilligen Kindern der Gegend? Wie vermitteln Sie die vielen Vorteile, ohne die Ängste zu ignorieren? Man muss auch nicht von allen geliebt werden. Und: Es ist für ein Neues Dorf ohnehin viel sinnvoller, einen Bauernhof ohne Nachfolge zu kaufen oder mit den Kindern umzuwandeln.

Die Städter können doch nichts Richtiges!

Menschen mit zwei linken Händen können auch irgendwas, oder? Manches kann aber schwieriger werden. Kann ein Neues Dorf, ein Gartenring ein genialer Lehr- und Lernort werden? Neue Entwicklungen mitmachen?

Und die arbeiten mit Sense und Pferden?

Warum nicht, wer das möchte, kann so arbeiten. Es darf aber auch eine Kuh als Zugtier sein. Sensen ist leise und kann mit der richtigen Atemtechnik regelrecht energetisieren – ein Fitnessstudio ist nicht mehr nötig. Wenn man nach langem Üben die richtige Technik heraushat, ist man mit einer guten Sense überraschend effizient. Minifarmen haben keine riesigen Flächen, bei Handarbeit hört man die Vögel und Bienen. Wer weniger von Hand machen möchte, kann im Neuen Dorf vielleicht eine Elektrotraktormanufaktur aufbauen.

Es gibt doch sowieso schon die Ökodorfbewegung!

Ja, da ist viel Gutes entwickelt worden! Das internationale Global Ecovillage Network (GEN)[11] ist klasse. Vor 30 Jahren war ich davon schon begeistert, es wurde aber leider immer noch keine große Bewegung daraus: Es gibt immer noch keine Millionen von Ökodörfern. Diesen Anspruch hat das Neue Dorf, ganz unbescheiden, weil es dringend nötig ist. Auch das Neue Dorf ist, na klar, ein Ökodorf und kann sich dem GEN anschließen. Die Gartenringdörfer sind aber eher nicht als enge Gemeinschaft gedacht (dafür sind sie zu groß) und sollen die Stadt jenseits der Autarkie mitversorgen.

3

Starke Städte
durch produktives Land

Stadt-Land-Industrie

Eine Stadt sollte mit dem Umland zusammen entwickelt werden, um die dauerhafte Versorgung mit Lebensmitteln und Wasser zu sichern, Resilienz zu erhalten oder aufzubauen. Meistens passiert jedoch das Gegenteil: Die Stadt zieht geplant oder in Eigendynamik immer mehr der wirtschaftlichen Aktivitäten an sich und verarmt damit den ländlichen Raum. Dieser Effekt ist besonders durch die Industrialisierung der Produktion mit ihrem zunächst sehr hohen Arbeitskräftebedarf entstanden. Durch die Schwemme an billigen Massenwaren wurden und werden in großen Teilen der Welt lokale Betriebe zerstört. Momentan wird viel über die sehr weitgehende Automatisierung der Produktion gesprochen, sodass die global schon wenigen Arbeitsplätze in der Industrie voraussichtlich noch weiter zurückgehen werden. Zugleich sind schon seit Jahrzehnten Millionen von Arbeitsplätzen in der Landwirtschaft durch deren Industrialisierung vernichtet worden.

Die Früchte der Arbeit

Der Wertschöpfungsanteil der Landwirtschaft an der Lebensmittelproduktion ging auf inzwischen nur noch etwa 25 Prozent zurück. Die Arbeitsersparnis ist mit den sozialen Folgen der Landflucht und den ökologischen Schäden sehr teuer erkauft: Das Grundwasser ist in einem hohen Maße mit einer Vielzahl an Pestiziden und Nitrat belastet, Monokulturen sind ökologisch schädlich und außerdem relativ unproduktiv. Der Energieaufwand ist gewaltig. Unser Boden wird dabei zerstört. Ursprünglich wurde für die Industriearbeit der ländliche Raum verlassen. Die Produktivität nimmt bei immer weiterer Abschaffung menschlicher Arbeit weiter zu. Die Industriegesellschaft braucht den Menschen immer weniger. Ich selber ziehe die Lebendigkeit lokaler Produktion der absehbaren toten Roboterwelt bei Weitem vor. Boden kann man nur mit Humusaufbau dauerhaft nutzen, am besten geht es mit Agroforstsystemen, Polykulturen und Minifarmen.

Wie viel Erde braucht der Mensch?

Der russische Schriftsteller Leo Tolstoi hat 1885 mit seiner immer noch viel zitierten Frage »Wie viel Erde braucht der Mensch?« in Person des Bauern Pachom ein Sinnbild für Habgier geschaffen. Auf der Skala von Haben und Sein scheint dieser seine Lebenszeit komplett mit dem Immer-mehr-»haben«-Wollen verschwendet zu haben. Pachom kauft immer wieder neue, größere Höfe und will doch immer noch mehr. Er ist elektrisiert von den niedrigen Landpreisen in der Steppe. Die Lektion durch die nomadischen Steppenbewohner, die seine Habgier durchschauen: Du bekommst so viel Land, wie du von Sonnenaufgang bis Sonnenuntergang umschreiten kannst. Da die ganze riesige Fläche, schon fast gewonnen, doch nicht seine werden würde, wenn er den Ausgangspunkt nicht erreichen konnte, musste er zum Abend hin immer schneller rennen. Als sein Knecht den schließlich tot zusammengebrochenen Pachom verscharrt, braucht er nur sechs Ellen für das Grab. Bei uns sagt man: Das letzte Hemd hat keine Taschen.

Über 100 Jahre nach Pachom gibt es in Russland immer mehr Menschen, die die Frage »Wie viel Erde braucht der Mensch?« sofort mit »Einen Hektar!« beantworten. Das ist die Anregung der mythischen Anastasia in Wladimir Megres Buchreihe: »Jeder Russe sollte einen Familienlandsitz von einem Hektar bekommen können und als Garten bewirtschaften.« Ein erstes Bundesland in Russland stellt Interessierten kostenlos Land zur Verfügung, es wird später geprüft, ob es gut bewirtschaftet wird.

Wie viel Boden braucht der Mensch in der Stadt? Dazu gibt Megre einen Hinweis:

»Ich hatte auch mal gedacht, dass eine Stadtfamilie irgendwo im fünften Stock eines Wohnhauses weniger Land für sich beansprucht als jemand mit einem eigenen Haus und Grundstück. Das ist aber eine Illusion. Jeder beliebige Mensch, auf welcher Etage er auch wohnt, braucht für seine Ernährung das, was auf dem Lande wächst. Nur wird für ihn zusätzlich noch Platz für Transportwege, Lagerhallen und Geschäfte benötigt, damit er letztlich seine Lebensmittel bekommen kann.«[12]

Die Mustertheorie – Lebendigkeit als Gestaltungsprinzip

Nach der Mustertheorie des Architekturprofessors und Philosophen Christopher Alexander geht es beim Bauen und Gestalten von Landschaften wesentlich um Lebendigkeit, nicht nur um irgendein Stück Land. Ihm geht es um die Schönheit auf vielen Ebenen. Helmut Leitner hatte mich zu einem Treffen in seinem Wohnort Graz in Österreich eingeladen. Er hat das übersichtliche Buch »Mustertheorie« veröffentlicht, die bei Alexander in »The Nature of Order« allein durch den großen Umfang sehr schwer zugänglich ist.

Helmut Leitner selbst hatte die Mustertheorie in der Informatik eingesetzt, wo sie zur Entwicklung von Wikipedia genutzt wurde. Im Restaurant legte er mir dar, dass diese Methode ideal für die Entwicklung der Neuen Dörfer wäre. Mustertheorie und Permakultur sind zeitgleich entstanden, Alexander hatte offenbar auch Vorträge im Permakulturumfeld gehalten, die Ansätze stärken sich gegenseitig.

Zwei der sieben Axiome von Christopher Alexander, die Helmut Leitner darstellt: »Der grundlegende Vorgang der Welt ist die Entfaltung des Lebens« und »Lebendige Umgebungen stärken den Menschen in seinem Menschsein, seiner Handlungsfähigkeit und seiner Freiheit. Das ist das Ziel jeder Gestaltung.« »Lebendigkeit« ist ein Hauptkriterium, das nach Alexanders Untersuchungen jeder Mensch mit großer Übereinstimmung intuitiv beurteilen kann. Die Gebäude, die Minifarmen und Waldstücke eines Neuen Dorfes sollten auf jeder Ebene diese Lebendigkeit, Schönheit und Harmonie der Gestaltung ausstrahlen; genau das zeigen gelungene Permakulturgelände.

Die Stadt lebt vom produktiven Land!

Ländliche Regionen können ohne Stadt auskommen, aber eine verdichtete Stadt nicht ohne das Umland. Interessante Städte bieten allerdings auch viel für Menschen vom Land, sei es für einen Besuch oder sei es für eine Lebensphase wie Schule, Ausbildung oder Studium. Das Leben auf dem Land kann durch den Vertrieb lokaler Produkte in der Stadt wirtschaftlich florieren. Die Großstadt inmitten einiger Gartenringe mit vielen ländlichen Paradiesen, die die langfristige Wasser- und Lebensmittelversorgung sichern, ist natürlich für naturverbundene Stadtbewohner attraktiver.

Die schleichende, weitgehend unbemerkte Zerstörung der ländlichen Regionen kann beispielsweise in Großstädten in China mit gigantischen Staubstürmen, Hitzephasen und Überschwemmungen erlebt werden. Ebenfalls in China kann auf dem Lössplateau (siehe Kapitel »Wunderdörfer«) eines der weltweit größten Regenerationsprojekte besichtigt werden. Über Jahrhunderte war diese Region, der Ursprungsort Chinas, durch falsche Landwirtschaft versteppt worden.[13] Diese ehedem von Armut geprägte Region ist von der heutigen Regierung zu einem erheblichen Teil in eine wunderschöne und hochproduktive entwickelt worden. Zugleich wird zumindest hier kein Lössboden mehr weggeweht, was sogar für das weit entfernte Beijing eine Entlastung bedeutet.

Kirchturmpolitik und Verantwortungslosigkeit

Agrochemischer Anbau ist eine Sackgasse, immer mehr landwirtschaftliche Betriebe in der Welt haben innerhalb weniger Jahrzehnte ihren Boden zerstört. Trotz massiven Mineraldüngereinsatzes geht der Ertrag zurück, das System bricht zusammen. Ich kenne mehrere Fälle aus afrikanischen Ländern und habe selbst erfahren, wie schwer in degradierten Steppengebieten organisches Material zu finden ist, um die Böden zu regenerieren. Ob es von den Menschen oder Medien in der Stadt wahrgenommen wird oder nicht, es handelt sich um verantwortungslose Kirchturmpolitik; die Stadt muss sich um das Umland kümmern.

Politische Grenzen und institutionalisierte Nichtzuständigkeit haben zu drastischen Versäumnissen geführt. Zum Glück gibt es inzwischen in der Landwirtschaftspolitik einige positive Entwicklungen in Richtung des Nachweises von Bodenerhalt.[14]

Die Neuaufstellung der Landwirtschaft in den USA

In den USA versagt inzwischen immer öfter das agrochemische System, es steckt vielfach schon in der Sackgasse von Resistenzen und Superweeds (solches »Un-Kraut« lässt sich auch mit immer mehr Gift nicht mehr wegspritzen). Großartig ist die großflächige Umstellung auf pfluglose Bearbeitung in Kombination mit Gründüngung und Direktsaat – ohne Mineraldünger. Die staatlichen Landwirtschaftsberatungsstellen leisten zum Teil tolle Arbeit. Im Internet kann man das nachvollziehen: Auf YouTube kann man hervorragende Beiträge von Ray Archuleta und die sehr guten Erfahrungen von Gabe Brown auf seiner 2.000-Hektar-Ranch nachvollziehen – die Familie Brown macht das seit fast 20 Jahren und verdient seitdem wieder Geld.

Professor Nathan McClintock, Geograf an der Portland State University, hat detailliert mit GIS-Kartografie (Kartenkombinationen in vielen Lagen) für die 400.000-Einwohner-Stadt Oakland, Kalifornien, die mögliche Produktion durch Urban Gardening errechnet. Bei Annahmen eines Ertrages zwischen 25 Tonnen pro Acre (circa 4.000 Quadratmeter) von Teilflächen mit der biointensiven Anbaumethode nach John Jeavons und von zehn Tonnen pro Acre bei anderen Flächen mit weniger intensiven ökologischen Methoden käme Oakland auf fünf bis zehn Prozent Eigenversorgung. Dabei macht er mit seiner eigenen landwirtschaftlichen Erfahrung die wichtige Einschränkung, dass dieses nur mit professionellem Anbau möglich sein würde, sonst wäre der Ertrag wesentlich geringer.[15] McClintock hat allerdings bei seinen Annahmen nicht die Dachflächen einbezogen. Ich halte das Potenzial bei den möglichen Entwicklungspfaden für deutlich größer, man könnte aus einem erheblichen Teil der Dachflächen und Balkone produktive Gärten machen. Bei entsprechendem Interesse vieler Menschen und politischen Entscheidungen im Baurecht kann wahrscheinlich im Lauf einiger Jahrzehnte eine deutlich höhere Eigenversorgung erreicht werden. Das hängt natürlich sehr stark vom Verdichtungsgrad und den geografischen Stadtgrenzen ab, ein Teil der politischen Stadtflächen muss als ländliches Umland angesehen werden. Es sollte so insgesamt in verdichteten Stadtbereichen in kälteren Klimazonen mit Winter möglich sein, etwa fünf bis 25 Prozent der eigenen Lebensmittel selbst zu produzieren. Die vielen Urbangärten sind ein ermutigendes Zeichen und können eine Teilversorgung erreichen; die Aktiven sollten aber immer die Zusammenarbeit mit dem Umland im Blick haben.

Die Stadt hat erhebliche »versteckte« Potenziale: Wenn die organischen Küchenabfälle zu Humusfutter nach Herwig Pommeresche werden, kann man eine höhere Flächenproduktivität erreichen. Auf dem Land muss demgegenüber für organisches Bodenfutter oft Fläche vorgehalten werden: Tierhaltung, Laubbäume, Brache / Gründüngung. Ergänzend sollten aber auch reine Bioküchenabfälle in den biologischen Gartenbau zurückgeführt werden. Weitere Produktion ohne Außenflächenbedarf ist in Kellerräumen auf holzigen Resten und mit Küchenabfällen möglich.[16]

Abwasser als Ressource

Dieses Thema hat mich seit über 20 Jahren beschäftigt: Der große Nährstoffdurchsatz der Städte wird über das Abwasser fast überall mit hohem Energieaufwand vernichtet und richtet Schäden in Gewässern an. Mit anderen Toilettensystemen könnten diese Nährstoffe für das Umland nutzbar gemacht werden. In diesem Bereich habe ich viele, zum Teil technisch aufwendige, zum Teil aber auch sehr einfache Systeme entwickelt. Die üblichen Abwassersysteme verlagern immer mehr Phosphat, Kalium und andere wichtige Nährstoffe in die Meere. Die Lagerstätten der Welt sind sehr begrenzt und immer schwerer nutzbar. Ein dauerhafter Aderlass ist für die Biosphäre wahrscheinlich auf lange Sicht tödlich. Als qualifizierter Abwasserfachmann konnte ich die Unwissenheit und Gleichgültigkeit der meisten Menschen nicht akzeptieren. Ich wurde ein Rebell. Über etwa zehn Jahre haben sich viele der undogmatischen Kollegen meiner Argumentation angeschlossen, es gab plötzlich viele Forschungsprojekte zu ressourcenorientierten Abwasserkonzepten.

Ich konnte mit weltweit fünf ähnlich arbeitenden Abwasserexperten, die ich erst nach einigen Jahren kennenlernte, zu einem Umdenken beitragen. Die üblichen Abwassersysteme mit riesigen Kanalnetzen sind leider dermaßen unflexibel, dass eine zukunftsorientierte Umgestaltung langfristig eingeleitet werden muss. Meine Branche hat trotz vieler früher Warnungen eine dramatische Stoffwechselkrankheit für unseren Planeten verursacht. Selbst die besten Kläranlagen erreichen nur eine Teilreinigung, die Rückgewinnung gelingt erst recht nicht. Weltweit werden ohnehin nur etwa 20 Prozent des Abwassers überhaupt gereinigt, was Millionen von Menschen, insbesondere Kleinkinder, das Leben kostet.

Auf dem Land und besonders im Neuen Dorf kann man sehr einfach Toilettensysteme ohne Verbindung zum Wasserkreislauf installieren, die eine vollständige Nährstoffnutzung erlauben und zum Humusaufbau beitragen. Die direkte Nutzung zur Lebensmittelproduktion sollte vermieden werden, es gibt genug anderen Bedarf für Bodenverbesserung, Bodenaufbau und Baumpflanzungen. Zudem muss die Frage der Pharmazeutikarückstände und anderer Mikroschadstoffe gelöst werden.[17]

Vom Watershed zum Foodshed

In der Wasserwirtschaft ist das Wassereinzugsgebiet in einem Gebiet der »Watershed«. Besonders für Großstädte ist dieser entscheidend für die Versorgungssicherheit. Für mich als Siedlungswasserwirtschaftler war die Motivation zur Beschäftigung mit Humusgehalten im Boden zunächst eine Frage der Sicherung der Wasserversorgung: der Vermeidung von Überschwemmungen durch humose, saugfähige Böden, die dann mehr Versickerung bei besserer Filterung ermöglichen und auch Trockenzeiten ausgleichen.

Es gibt viele städtische Wasserversorger, die die ökologische Landwirtschaft im Einzugsgebiet – in ihrem Watershed – fördern, wodurch der Eintrag von Agrargiften ins Trinkwasser beendet wird. Solche Programme werden üblicherweise eingestellt, wenn Wasserbetriebe privatisiert werden, da sie den Profitinteressen der Aktionäre nicht zuträglich zu sein scheinen. Professor Philip Ackerman-Leist vom Green Mountain College in Vermont, USA, hat mit sehr viel praktischer Erfahrung in ökologischer Landwirtschaft 2013 das Buch »Rebuilding the Foodshed«[18] veröffentlicht. Er zeigt die vielfältigen Möglichkeiten und die Notwendigkeit auf, die lokale Lebensmittelversorgung zu sichern. Dabei knüpft er an die noch weiter gehende »Food Sovereignty« an, die die Nichtregierungsorganisation (NGO) Via Campesina 1996 als Reaktion auf die massive Zerstörung kleiner Bauernhöfe durch die Globalisierung folgendermaßen definierte: »Das Recht jeder Nation, ihre eigenen Fähigkeiten zur Produktion ihrer Lebensmittel [...] für ihre nationale und kommunale Lebensmittelsicherheit zu erhalten und zu entwickeln ...«. Die Realität wird nach wie vor geprägt durch die verheerende Ungerechtigkeit einer Konsumentenrealität, die jedoch langsam den falschen Glanz verliert.

Der Gartenring: ein Segen für die Stadt

Wie könnte eine pfiffige Stadt-Umland-Kooperation aussehen? Ein kreatives Zusammenwirken von Stadt und Umland bietet immense Vorteile für beide Seiten. Der Mensch in der Stadt findet heute kaum noch ökonomisch akzeptable Lebensperspektiven jenseits der üblichen Erwerbsarbeit. Eine Öffnung des Umlandes durch eine starke Lokalwirtschaft mit abwechslungsreichen und selbstbestimmten Beschäftigungsmöglichkeiten mit gesellschaftlichem Nutzen wäre für viele Menschen attraktiv. Wenn in Zukunft Neue Dörfer mit ihren vielen Kleinbetrieben ein normaler Teil der Lebens- und Berufsperspektiven werden, wird es leichter sein, mit und in der Natur zu leben und zu arbeiten. Man kann vielfältige selbstbestimmte Tätigkeiten ausüben, statt Jahrzehnte am Schreibtisch nur das zu tun, was der Chef sagt.

Ein Ruhestand auf dem Land ist für viele Menschen heute keine machbare Perspektive, da es jenseits von Hobbys kaum interessante Möglichkeiten für interessante und sinnvolle Tätigkeiten gibt. Wenn aber die Fachkenntnisse älterer Menschen gefragt sind, wenn es möglich ist, einen kleinen Gartenbaubetrieb zu betreiben oder auf einem bestehenden mitzuarbeiten, können ganz neue Perspektiven entstehen. Damit kann im Zusammenhang mit besserer Ernährung und tieferem Schlaf auch Alzheimer vermieden oder geheilt werden.[19] Zusätzlich wird es in Gartenringdörfern eine häusliche Pflege geben, wenn diese nach zwei oder drei weiteren aktiven Jahrzehnten trotz Bewegung und guter Nahrung nötig werden sollte.

Nachteile und Gefahren des Stadtlebens

Stadtbewohner:
Käfighaltung mit Dauerstress?

»Als Glücksbedingung wurde die Abwesenheit von Lärm notorisch unterschätzt. Die meisten Menschen hatten vergessen, dass Stille die Wirkung einer inneren Dusche besaß. Niemand konnte inmitten von Lärmverschmutzung glücklich sein. In amerikanischen Lagern wurden die Häftlinge mit Lärmbeschallung gefoltert. Die CIA wusste, was sie tat.«

Dieser Passus findet sich in »Unterleuten«, dem furiosen Roman von Juli Zeh über eine Landlebenhölle. Hier auf einen neurotischen Dauerrasenmäher gemünzt, ist er generell auf Großstädte mit ihrer permanenten Lärmkulisse anwendbar.

In fast jeder Stadtwohnung kann man zehn oder 20 WLAN-Sender empfangen, die eine enorme Belastung des menschlichen Organismus darstellen können. Mit den extremen und teils albernen Möglichkeiten des »Smart Home« und immer schnelleren Verbindungen wird das in Zukunft sicher nicht besser.

Für empfindsame Menschen und solche, die an spiritueller Entwicklung interessiert sind, wird die Stadt immer weniger bewohnbar. Die wissenschaftliche Literatur jenseits der gut finanzierten Zweckforschung ist eindeutig.

Eine chinesische Umweltwissenschaftlerin sagte mir zu elektromagnetischen Feldern vor einigen Jahren am Rande einer Konferenz sinngemäß: »Früher wurden durch Mikrowellen Kinder abgetrieben, heute wird damit telefoniert.« Der Gedanke an Abtreibung wird vielleicht schon bald absurd erscheinen: Es gibt einen Wirkzusammenhang gerade mit den schwächeren elektromagnetischen Feldern des WLAN zu weiter steigender Unfruchtbarkeit und weiteren Symptomen. Der unkritische Konsument ist nach wenigen Jahrzehnten in vielfältigen elektromagnetischen Feldern und minderwertiger Nahrung chronisch krank. Er braucht Tausende bunter Pillen, die die Krankheit auf einem noch erträglichen Niveau halten.

Es gibt in dieser rücksichtslosen Gesellschaft zahlreiche Gründe, über Alternativen zum Stadtleben nachzudenken. Neben den vielen alltäglichen Abhängigkeiten und fehlenden Aktionsmöglichkeiten sind auch die Risiken im Katastrophenfall in der Stadt weitaus größer als auf dem Land.

Blackout: Zivilisation verschwindet mit dem Strom

Abrupt erlöschen Licht und Großbildschirm, die Helden mit ihren Waffen sind weg. Allmachtfantasien enden. Man tastet sich im Dunkeln zum Küchenschrank, um Kerzen zu suchen. Der Sturm war weit stärker als angekündigt, massive Stromausfälle waren eine der vielen Folgen. Wenn sie könnten, würden die Nachrichten berichten, dass es voraussichtlich wochenlang dauern wird, bis es wieder Strom gibt. Es wird langsam kalt. Kaum noch Vorräte, die Reste der Fertigpizza werden nicht lange reichen. Das Klo spült nicht mehr, der Wasserhahn schlürft Luft ein.

Das ist ein Schock! Andere waren schneller gewesen. Überall vor dem Supermarkt lagen Glasscherben – auch hier war nichts mehr zu holen. Auf den Autobahnen mit Dauerstau und aus den eiskalten, dunklen Zügen waren die Menschen nach einigen Stunden des Wartens zu Fuß weitergegangen. Als sie spätnachts erschöpft in der Stadt ankamen, hatten sie von dem riesigen Ausmaß des Stromausfalls erzählt. Die ratlosen Mitarbeiter der Netzbetreiber hatten offen geredet. Manche der Rückkehrer hatten ihre Schlüsse gezogen und sich sofort versorgt. Sicherheitskräfte kamen nicht durch, alles war dunkel.

Waren das »Plünderer«? Oder Menschen, die mit ihren Kindern einfach die nächsten Wochen überleben wollen? Da eine Kettenreaktion durch massive Überspannungen einen großen Teil von Europa getroffen hatte, war keine schnelle Hilfe von außen zu erwarten. Die massive Bodenzerstörung in vielen Teilen der Welt hatte das Klima dramatisch verändert, es gab immer mehr Dürre, Überschwemmungen und eine drastisch verminderte Produktivität. Die Lage in den Städten war nach einigen Wochen wirklich katastrophal.

Das Szenario mag gewagt erscheinen, tatsächlich ist es sehr realistisch, und es könnte sogar noch weitaus schlimmer kommen. Eine Rezension zu Marc Elsbergs genau recherchiertem Roman konstatiert zutreffend:

»Innerhalb weniger Tage ist von der sogenannten Zivilisation nicht mehr viel übrig.«[20]

Panik ist weder jetzt beim Lesen noch bei wirklichen Katastrophen angesagt. Völlig unvorbereitet zu sein ist aber unverantwortlich. Man kann zunächst einmal einfach einen Wasser- und Lebensmittelvorrat für etwa zwei Wochen anlegen. Ein paar Kerzen sollten auch dabei sein, die LED-Lampe mit tausend Lumen kann zusätzlich auch zur Abwehr von möglichen Angriffen dienen. Da man Geld nicht essen kann, sollte man Nahrungspflanzen und Bäume verbreiten. Man schützt mit einer entspannten Vorbereitung sich selbst und andere – wenn dann doch nichts passiert, sind wir alle froh.

Eine sichere Zukunft für Stadt und Land, weltweit

Ich möchte Ihnen mit diesem Buch zeigen, wie man die Zukunft sehr leicht sicherer und angenehmer gestalten kann. Da die Politik den Fehlentwicklungen offenbar nicht schnell genug zu begegnen weiß, müssen wir selber aktiv werden. Für eine gute Zukunft für alle braucht es Hunderte Millionen ökologischer Gärtner, Bauern und Forstwirte, die den Boden erhalten, regenerieren, Humus aufbauen.

Die Vorhersage, dass in Zukunft 70 Prozent aller Menschen der Welt in Städten leben werden, wird hoffentlich nie eintreffen! Was sollten sie da auch alle? In vielen Gesprächen mit Selbstdenkern kristallisiert sich eher die Meinung heraus, dass 30 Prozent durchschnittlicher Stadtbevölkerung ein viel sinnvolleres Ziel sind. Durch eine etwas geringere Bevölkerungsdichte in der Stadt können wirklich angenehme grüne Städte mit einer gewissen Lebensmittelproduktion entstehen.

4

Die Bedeutung des Bodens

Bodenzerstörung und ihre Folgen

Klimawandel und Bodenregeneration

Für meine Forschung zum Thema »Bodenfruchtbarkeit« waren Begegnungen mit dem damaligen Professor für Süßwasserökologie der Technischen Universität Berlin, Wilhelm Ripl, entscheidend. Gemeinsam mit dem inzwischen verstorbenen Träger des Alternativen Nobelpreises Hermann Scheer schrieb er 2007 ein immer noch richtungweisendes Strategiepapier zum Klimawandel. Ripl und Scheer weisen auf die starke Wirkung lokaler Vegetationsänderung auf das Kleinklima hin. Diese Effekte haben auch global einen massiven Einfluss, was aber in den Klimamodellen so nicht berücksichtigt wird. Damit kommt es nach Ripl und Scheer zu einer starken Überschätzung des Einflusses der trockenen Klimagase, insbesondere CO_2 und Methan. Gletscherverlust, der häufig als Klimaanzeiger benutzt wird, ist oft ein Zeichen lokal gestörter Wasserkreisläufe mit verringerter Zunahme in den Frostperioden. Besonders eindrucksvoll stellen Ripl und Scheer den überragend wichtigen Einfluss der Vegetation auf das Klima dar: Bei intaktem Bewuchs wird die Tag-Nacht-Temperaturschwankung auf drei bis sechs Grad Celsius ausgeglichen; bei fehlendem Bewuchs kommt es wegen fehlender Verdunstung zu Unterschieden von über 25 Grad! Bei der weltweit dramatischen Bodendegradation ist ein menschengemachter Klimawandel somit ursächlich nachvollziehbar.

Die gute Nachricht im Ripl-Scheer-Memorandum[21] ist, dass sich bei der Wiederherstellung der Vegetationsdecke das lokale Klima innerhalb von ein bis zwei Jahren ausgleichen kann. Damit wird die äußerst wichtige Bedeutung der ländlichen Räume für ein stabiles Klima und damit für die Überlebensfähigkeit der Städte deutlich. Es gibt wahrscheinlich keinen anderen Weg zu ausgeglichenem Klima als die Bodenregeneration durch Humus- und Vegetationsaufbau. Der Landnutzung kommt damit eine ganz entscheidende Rolle zu. Die Zielrichtung ist klar: 100 Prozent humusbildender ökologischer Anbau weltweit! Industriell-ökologischer Anbau ist ein Schritt in die richtige Richtung, reicht aber nicht aus. Nach meinen Vorstellungen können Minifarmen mit Polykulturen in Verbindung mit Agroforst und Nahrungsbäumen massiv Humus aufbauen. Das ist einige Jahre mühsam, wird dann aber aus der entstehenden hohen Produktivität heraus immer leichter. Zusätzlich sollten die Tiere aus den Ställen heraus! Die Umstellung der Tierhaltung auf komplette kleinteilige Rotationsbeweidung nach Allan Savory[22] zum Bodenaufbau und Waldaufbau ist hochproduktiv. Ideal ist die Mehrfachnutzung von Bäumen, die auch Futter und Nahrung erzeugen können. Der effektivste Humusaufbau kann von Minifarmen mit biointensiven Polykulturen und Waldgärten geleistet werden.

Migration nach Bodenzerstörung

Die menschengemachte Erosion in vielen Ländern Afrikas führt seit Jahrzehnten zu einem massiven Verlust von Lebensmöglichkeiten durch Wassermangel, Hunger, Armut. Armut im Zusammenhang mit fehlenden Regeln, fehlendem Wissen und dem verbreiteten Desinteresse an produktiver Landnutzung wiederum führt zu immer weiterer Erosion. Daraus folgen neben unendlich viel Elend nach detaillierten Untersuchungen der UN etwa 50 Millionen weitere Klimaflüchtlinge, die sich innerhalb der nächsten zehn Jahre auf den Weg nach Europa machen könnten. In den ländlichen Räumen in den riesigen Gebieten Afrikas sehe ich überall verpasste Chancen. Die klimatischen Bedingungen erlauben oft zwei bis drei Ernten im Jahr. Wenn man durch Humusaufbau, Waldgartensysteme mit essbaren Bäumen und Rainwater Harvesting ganzjährig Wasser und Nahrung produziert, kann Wohlstand für Hunderte Millionen kleinbäuerliche Familienbetriebe entstehen.

Überurbanisierung und Bodenzerstörung

Ich habe mich gewundert, dass Urbanisierung auf Konferenzen immer noch so positiv, zumindest aber als unausweichliche Entwicklung gesehen wird. Nach UN-Angaben werden im Jahre 2050 voraussichtlich 66 Prozent aller Menschen in Städten wohnen. Noch mehr Menschen werden damit von der Natur, von stabilen Familienstrukturen und von lokalen Produktionsmöglichkeiten abgeschnitten sein. Urbanisierung ist die Konsequenz einer global extrem arbeitsteiligen Gesellschaft, die die Menschen wesentlich als Konsumenten und Arbeitskräfte sieht. Die Urbanisierung hat Systeme geschaffen, die derzeit in agrochemischer Landwirtschaft für problematische Nahrung und für »Bio«-Energie[23] massiv Humus vernichten. Diese können leicht kollabieren und ermöglichen ohnehin nur für eine global recht kleine Minderheit halbwegs akzeptable Lebensbedingungen. Es fehlen gesellschaftliche Visionen für eine Zukunft mit mehr selbstbestimmten und vielfältigen Lebensentwürfen.

Das Konzept des Neuen Dorfes ist für ein einzelnes Dorf realisierbar, kann aber bei Erfolg sehr stark ausgeweitet werden. Wie die Erfahrung zeigt, kann auch eine scheinbar robuste Wirtschaft selbst in bislang privilegierten Regionen Europas schnell zusammenbrechen. Wir erleben dieses beispielsweise in Griechenland, Spanien und Frankreich, wo jetzt viele aktive Menschen aufs Land gehen, um selber produzieren zu können.

Heilung von Böden, Natur und Menschen

Leider sind viele landwirtschaftliche Flächen durch die eigentlich sinnlose agrochemische Misshandlung so belastet, dass eine Reinigungsstrategie entwickelt werden muss. Die meisten Pestizide jüngeren Datums sind überwiegend wasserlöslich, waschen also ins Grundwasser aus. Dort findet kaum eine vollständige Mineralisierung statt, die synthetischen Agrokampfmittel werden zu oft ebenso gefährlichen, in ihrer Wirkung weitgehend unbekannten Abbauprodukten. Einerseits will das Neue Dorf die agrochemische Landwirtschaft ablösen, andererseits muss aber genau geschaut werden, wie hoch und welcher Art die Belastung der Böden ist. Für Altlasten ist der Eigentümer zuständig, also muss vor dem Kauf neben dem Humusgehalt und der Bodenzusammensetzung immer auch der chemische Zustand geklärt werden. Noch zahlen Spekulanten sehr hohe Preise, stehen langfristig aber voraussichtlich mit entwerteten Flächen da.

Was tun mit Glyphosat und anderen Giften?

Im Neuen Dorf wird es bei der Übernahme von belasteten Flächen Expertise zum Umgang mit diesen Stoffen geben. Wir können den Massenchemikalien außer in tiefen Höhlensystemen nirgendwo auf unserem Planeten völlig entgehen. Bei allein über einer Million Tonnen pro Jahr des Herbizidwirkstoffes Glyphosat haben wir es fast alle im Körper. Es steht leider auch in fast jedem Gartencenter. Wir können aber zum einen die Anwendung durch Kauf von Bionahrung und -kleidung verringern und zugleich den Humus vor weiterer Vergiftung schützen. Zum anderen ist natürlich in Bionahrung kein oder wenig Glyphosat vorhanden, während durch lebendigen Boden auch die Inhaltsstoffe der Nahrung fast immer besser sind. Das, was wir schon aufgenommen haben, können wir zum Glück ausleiten – dazu möchte ich ganz dringend raten. Da die Ausleitung von Schwermetallen und organischen Schadstoffen häufig falsch gemacht wird, sollte man sich gut informieren. Erprobte Wege mit Erfolgskontrolle werden von den auf Entgiftung spezialisierten Ärzten und Therapeuten beispielsweise nach den bewährten Ansätzen von Dietrich Klinghardt angeboten.

Bodenheilung

Doch zurück zur Bodenheilung: Wenn für ein Neues Dorf ein Ökohof übernommen wird, ist die lokale »Heilwirkung« im Vergleich zur Sanierung eines ehemaligen agrochemischen Betriebes weit geringer. Solche Flächen werden aber oft deutlich billiger zu bekommen sein, besonders wenn die Bodenspekulation einmal endet. Erodierte Steppenlandschaften sollten mit ökologischen Auflagen kostenlos übertragen werden und für gelungene Sanierung in den Besitz des Gartenringdorfes, der Genossenschaft oder des Trägervereins kommen. Diese Variante ist für viele Regionen der Welt sehr interessant, da die Wiederherstellung von Böden immer viele Menschen erfordert, diese dadurch aber perspektivisch auch ernährt werden können.

Das verantwortungslose Handeln der Verantwortlichen wird auch angesichts der inzwischen hohen Konzentrationen von Uran und Cadmium im Phosphat des Handelsdüngers deutlich. Diese gefährlichen Schwermetalle sind besonders im Gestein in den Phosphatminen in Marokko mit dem Dünger verbunden, sie könnten auch vor der Anwendung entfernt werden. Ohne Gesetz passiert das nicht, unsere Böden werden weiter damit angereichert.

Allein in Deutschland sind bereits Tausende von Tonnen Uran und Cadmium ausgebracht worden. Uran geht zu erheblichen Teilen ins Grundwasser, Cadmium kann von Pflanzen in die Nahrung gelangen. Die Bauern in Deutschland tragen durch handelsüblichen Mineraldünger zur dauerhaften Vergiftung ihrer Äcker und des Grundwassers bei, meist ohne es zu wissen. Während sich die Politik der übermäßigen Regulierung von Kleinigkeiten zum Schaden von Kleinbetrieben offenbar gerne annimmt, sind die großen Verbrechen am Boden und am Wasser immer noch legal. In Österreich ist das Problem mit dem Uran besser bekannt, dort wird eher das sauberere Phosphat aus Jordanien gekauft. Sehr preiswerte Sanierungstechniken für die vielfältigen Bodenschäden müssen noch entwickelt werden, es gibt aber einige interessante grenzwissenschaftliche Methoden und sehr gute Ansätze mit Pilzen.

Ein Leben mit voller Gesundheit und persönlichem Wachstum

Im Neuen Dorf soll es ein Leben jenseits der »überdrehten« Stadt geben, entspanntes Leben mit Bewegung, persönlicher Entwicklung im Kontakt und im Zusammenwirken mit der Natur. Mit einer ruhigen und schönen Umgebung mit Wald, badetauglichem Fluss oder See, durch Schwimmen, Wassersport und Reiten kann ein sehr attraktives Umfeld entstehen. Das Neue Dorf sorgt für sehr artenreiche Flächen – wo ein Gewässer fehlt, könnte man bei der Gewinnung von Baumaterialien einen Baggersee anlegen.

Ein abwechslungsreiches Leben mit körperlichen Aktivitäten auch an der Sonne und Lebensmittel direkt vom Feld sind bereits eine gute Voraussetzung für strahlende Gesundheit. Eine positive Lebenseinstellung, Gestaltungsmöglichkeiten und Kontakt zu interessanten Menschen halten uns fit. Für eine insgesamt lebensbejahende Kultur der Neuen Dörfer sollten zusätzlich einige Grundregeln beachtet werden. Ich finde es unfassbar, dass die biochemischen Grundlagen für ein glückliches Leben trotz eindeutiger Forschungsergebnisse weitgehend unbekannt sind.

Wir entwickeln an der TUHH für das Neue Dorf ein integriertes Anbau- und Produktionssystem, wo besonders die Lebensmittel angebaut werden und unter Einbeziehung einer Aquakultur (siehe unten) zusammen lokal und frisch alles liefern können, was der Mensch zur vollen Entfaltung braucht.

Rutengehen, Geomantie und eine Systemaufstellung

Für mich ist es wichtig, eine neue Entwicklung von Anfang an umfassend zu bewerten. Ist das insgesamt die richtige Richtung? Für das Neue Dorf ist gerade bei der Landschaftsgestaltung die Einbeziehung der kaum sichtbaren, aber für die meisten Menschen spürbaren energetischen Strukturen wichtig. Das fängt mit den Wasseradern an, die für den Brunnenbau zu suchen, aber für Schlafräume unbedingt zu vermeiden sind. Es gehören aber auch die Orte in der Landschaft dazu, wo Menschen sich wohlfühlen und den Kontakt zur Natur finden können. Mit erfahrenen Rutengängern oder Geomanten mit solidem Wissen ist es recht einfach, diesen Bereich von Anfang an zu berücksichtigen. Damit kann man viel Unglück und Krankheit ersparen und das Dorf von Anfang an trotz der baulichen Eingriffe stärker in Harmonie mit Natur und Landschaft bringen.

Ich habe seit vielen Jahren Systemaufstellungsarbeit gemacht und gelernt, dass diese sehr nützlich sein kann. Es gibt oft überraschende Ergebnisse, sodass sich einige zusätzliche Aspekte ergeben, die für die Beteiligten sehr wichtig sein können. Das wissende Feld ist seit der Formulierung der Quantenphysik auch wissenschaftlich erklärbar, und man kann damit ganz konkret arbeiten. Ich hatte das Glück, bei einem Geistesforschungstreffen von erfahrenen Geomanten mit diesen eine Aufstellung »Vom Jäger/Sammler bis zum Neuen Dorf« machen zu dürfen.

Das offene Forschungstreffen in Dornach dient dem Erfahrungsaustausch und der gemeinsamen Untersuchung aktueller Themen. Organisator ist Thomas Mayer, der als Meditationslehrer arbeitet und die anthroposophische Geistesforschung mit der Geomantie verbindet. Thomas hat mehrere Bücher über Elementarwesen, die als die Gefühlsebene der Natur angesehen werden können, geschrieben; in einem davon hat er ein Interview mit mir aufgenommen.[24] Er ist zugleich ein sehr aktiver Bürgerrechtler.

Für die Aufstellung legte ich die Minifarmen als Teil der Neuen Dörfer durch grüne Isomatten aus. Ein Landschaftsplaner aus unserem Kreis warf noch eine kleine Matte in die durch viele Stühle dargestellte Stadt, wir grinsten uns an, und ich sagte: »Danke, Urban Gardening gehört natürlich dazu!« Dann nahmen die Teilnehmer ihre subjektiven Empfindungen wahr, und nach einem Moment tauschten wir die Eindrücke aus. Einer, der bei der Aufstellung zunächst in der Stadt blieb, sagte, dass sich diese nun freier angefühlt habe. Vom Urban-Gardening-Symbol ist zu vernehmen: »Das ist ein Notbehelf.« Im Neuen Dorf: »Ich spüre gemeinsame Ideale«; »habe Dankbarkeit für den Boden«; »kommende Generationen sind gut aufgehoben«; »ich nehme bei mir ein anderes Bewusstsein wahr«; »ich spüre Konflikte auf der Minifarm«; »man kann beides [Stadt und Land] leben«; »die Minifarm ist ein schöner Kompromiss«; »ich fühle Stolz«; »ich merke meine Ichkraft«; »ich bin gestützt, aber auch die Stadt ist o. k.«; »ich nehme eine ganz tiefe Verbundenheit mit dem Garten wahr, umfassender Frieden, wie ein Heimkommen«; und es kam tatsächlich auch: »Landluft macht frei!« Danke dafür!

Ich hörte danach mit Freude die Bestärkung für das Konzept der Neuen Dörfer. Ein Kollege sagte, dass solche Aufstellungen auch gut für Zukunftswerkstätten zur Dorfentwicklung genutzt werden könnten. Ein weiterer guter Hinweis für mich persönlich: Meine Argumentation soll ich nicht zu sehr schwarz-weiß darstellen. Da klang bei mir etwas an – wie war das mit dem persönlichen Wachstum?

Historische Vorbilder

Das ist die gute Nachricht: Es ist alles da, wir können aus dem Vollen schöpfen! Die Menschheit kann Wunder bewirken, über Tausende von Jahren gab es hochproduktive landwirtschaftliche Systeme. Die Zeugnisse der noch älteren Kulturen können wir leider nur noch an unglaublichen Bauwerken bewundern; die detaillierten Zeichnungen daran beziehen sich aber eher auf komplexes astronomisches Wissen als auf die Landwirtschaft.

Vor über 12.000 Jahren entstanden Bauwerke, die zum Teil nach heutiger Technik noch nicht wieder möglich sind. Ein gigantischer Kometeneinschlag vor 12.800 Jahren hatte schließlich große Teile der Welt verbrannt, die Sonne für Jahre verdunkelt und zu einem Anstieg des Meeresspiegels um etwa 130 Meter in kurzer Zeit geführt.[25] Damit ist immens viel Wissen verloren gegangen. Aber auch die Erträge der noch bekannten Kulturen waren oft weit höher, als es in der heutigen industriellen Landwirtschaft möglich ist.

Die meisten Kulturen der Welt der überlieferten Jahrtausende haben mit Pflügen und falscher Beweidung ihre Lebensgrundlage, den fruchtbaren Boden, zerstört.[26] In der Folge wurden dann oft andere Länder überfallen oder Migrationsbewegungen ausgelöst. Der heutige globale agrochemische Krieg gegen das Leben und die Tierquälerei aus Habgier sind nicht der einzige Tiefpunkt in der Geschichte. Die Unfähigkeit zu kooperativen Lebensmodellen ist ein über Jahrtausende wiederkehrendes Muster. Die großartigen Entwicklungen haben sich oft nicht durchgesetzt, weil sie nicht kolonialisierbar sind.

Der Agrarwissenschaftler F. H. King bereiste 1909 China, Korea und Japan. Er beschrieb in »Farmers of Forty Centuries«[27] die hoch entwickelten Methoden von Mulch- und Mischkulturen, der Gründüngung sowie der Direktsaat in die Gründüngung. Auch die Abfallnutzung und Kompostierung werden in dem Buch beschrieben. Eine wesentliche Erkenntnis ist die Ermöglichung hoher Produktivität auf kleinen Flächen trotz wenig Vieh.

In Japan hat Masanobu Fukuoka den kleinräumigen ökologischen Intensivanbau weiterentwickelt und besonders mit seinem Buch »The One Straw Revolution«[28] weltweit bekannt gemacht. Er hat im eher tropischen Teil des Landes gearbeitet und sich vor allem mit dem Reisanbau beschäftigt. Er war lange in der Wissenschaft und wurde durch sein tiefes Wissen zum Wissenschaftskritiker.

In Südamerika wurde über viele Jahrtausende der tropische Regenwald als Waldgarten in drei Ebenen genutzt. Trotz sehr hoher Bevölkerungsdichte wurde der Regenwald erhalten, aber die für Feldfrüchte genutzten

Böden von unfruchtbaren in die besten Schwarzerden der Welt verwandelt: die Terra Preta do Indio, die dunkle Erde der Indios. Was für ein großartiges Erbe für die heute dort lebenden Menschen! Zusätzlich wurden und werden wunderschöne Keramikgegenstände gefunden, die von einem auch kulturell hohen Stand zeugen.

Für Europa, aber auch während seiner Reisen um die Welt hat John Seymour[29] traditionelle landwirtschaftliche Techniken dokumentiert. Er stammt aus dem ländlichen England, zwischen den Weltkriegen bereiste er unseren Planeten auf der Suche nach guten bäuerlichen Methoden, Geräten, Nutzpflanzen und Produktionsmethoden. Diese sind in seinen Büchern vor dem Vergessen bewahrt und sehr lebensnah illustriert. Seymour hat auch kulturhistorisch gearbeitet und selber über viele Jahre Farmen bewirtschaftet.

Inspiration für die Welt: die Marktgärtner von Paris

Die Marktgärtner von Paris haben im 19. Jahrhundert und vorher auf sehr kleinen Flächen immense Mengen hochwertiger Lebensmittel produziert. Sie waren so nah an der Stadt, dass frische Ware transportiert werden konnte. Sie führten bereits in den 1670er-Jahren durch den Gärtnermeister des Königs, Jean-Baptiste de la Quintinie, die ersten Winterkulturen unter Glas ein. Die Orangenbäume im Freiland wurden nach einer schlechten Saison unter verschiebbaren Holz-Glas-Rahmen geschützt. Es gab auch Glasglocken zum Schutz von Pflanzen. Die bereits damals erfolgte Produktion von Salat im Januar und Erdbeeren im März ist heute ein wesentliches Element der Wintergärtnerei geworden. Die Glasglocken wären mit Thermoglas sicher eine Renaissance wert!

Der anfängliche Humusaufbau war für die Marktgärtner im Gartenring von Paris mühsam, die »Abgase« des üblichen Pferdeantriebs der Kutschen waren dabei jedoch sehr hilfreich. Später produzierte der Humus so viel Biomasse, dass auch das eigene »Futter« zusammen mit der menschlichen Nahrung entstand. Historische Berichte sprechen von sehr hart arbeitenden Menschen, die zu den friedlichsten Bevölkerungsgruppen der damaligen Zeit gehörten. Der Gärtner heiratete vorzugsweise eine Gärtnerin; wer diese Arbeit kannte, wollte nicht von ihr lassen. Die Expansion von Paris ohne die Einbeziehung dieser hochproduktiven Grünzüge führte immer wieder zur Vertreibung. Die grausame Missachtung der wichtigsten Lebensmittelproduzenten und Bodenerhalter ist auch heute noch vorhanden. Zum Glück interessieren sich wieder mehr Menschen für den Gemüseanbau.

Der Marktgarten-Meister und Autor Eliot Coleman aus den USA hat die französischen Methoden anhand historischer Dokumente und der wenigen verbliebenen Betriebe untersucht, wesentliche Inspiration daraus gewonnen und in den USA bekannt gemacht. Coleman hat dieses Wissen durch seine Freundschaft mit Perrine und Charles Hervé-Gruyer später zurück nach Frankreich gebracht, wo es Teil der Entwicklung der Permakulturminifarm »Ferme du Bec Hellouin« wurde. Weiter unten gehe ich näher darauf ein.

Die Gartenkolonie Eden, Oranienburg

Nach meinen Vorträgen zum Gartenringdorf bekomme ich immer mal wieder Hinweise auf die Gartenkolonie Eden in Oranienburg nördlich von Berlin. Gegründet bereits im Mai 1893, war die »Vegetarische Obstbau-Kolonie Eden e.G.m.b.H.« ein wesentliches Pionierprojekt der Lebensreformbewegung. Sie hat zu den heute recht bekannten Reformhäusern geführt. Es gibt die Gartenkolonie Eden noch, sie ist aber heute eher eine Rentneridylle – für wirkliche Ruhe muss man dort aber wegen der nahen Bundesstraße schwerhörig sein.

Die kaiserzeitlichen Gründer der Gartenkolonie waren Menschen aus Berliner Unternehmerkreisen und Bildungsbürger. Eden wurde in Teilen wie ein Neues Dorf aufgebaut: Auf letztlich 120 Hektar entstanden bis zum Ersten Weltkrieg durch die Siedler 80 Heimstätten auf Flächen von jeweils 2.800 Quadratmetern mit Obstbäumen und Sträuchern sowie Gemüsefeldern. Der Brandenburger Sand musste über viele Jahre mit viel Pferdemist aufgepeppt werden. Es wurde in Eden eine der ersten reformpädagogischen Schulen gegründet und eine Mosterei eingerichtet.[41]

Aus meiner Sicht gab es in Eden einen wesentlichen Startfehler: den Zwang zur vegetarischen Lebensweise und zum Meiden von Alkohol und Tabak. Die persönliche Entwicklungsfreiheit ist ein sehr hohes, universelles Gut, viele totalitäre Systeme stützen sich auf ihre Einschränkung.

England, 1902: Gartenstädte der Zukunft

Im Jahre 1902 veröffentlichte der Brite Sir Ebenezer Howard[42] sein Werk »Gartenstädte der Zukunft«. Die Grundidee ist die Anordnung von ländlichen Kleinsiedlungen mit Gartenbaubetrieben, die die Stadt im Zentrum versorgen sollen. Sir Howard hat mit Letchworth und Welwyn auch zwei offenbar in vielen Aspekten erfolgreiche Stadt-Land-Komplexe realisieren können, wobei er sogar die Stadt mitbaute. Die von ihm erhoffte Verbreitung ist leider ausgeblieben.

Howards Ansatz ist als ideale Gesamtentwicklung inklusive der Stadt angelegt. Damit war es wegen des immensen Flächenbedarfs selbst in weniger dicht besiedelten Regionen sehr schwierig, geeignete lokale Bedingungen zu finden. Im Gegensatz dazu soll das Konzept »Neues Dorf« von der Dorferneuerung bis zum Umbau landwirtschaftlicher Betriebe eine große Breite an Realisierungsmöglichkeiten bieten. Städte sollen einfach in einer sinnvollen Transportentfernung liegen.

Selbstversorger in Frankfurt und die Thünen'schen Ringe

Vor dem Zweiten Weltkrieg gab es vom Landschaftsarchitekten Leberecht Migge[43] beispielsweise für Frankfurter Stadtrandsiedlungen sehr interessante Konzepte für Kombinationen von städtischem Wohnen und produktiven Gärten zur Selbstversorgung. Ähnliche Ansätze wurden später auch in Wien verfolgt, um die wirtschaftliche Krise »zu bekämpfen«, wie es in dem Buch »Die Stadtrandsiedlung«[44] heißt. Die detaillierten wirtschaftlichen Berechnungen über die möglichen Erträge aus dem vorgeschlagenen urbanen Gartenbau zeigten die Relevanz für die Bewohner auf. Diese zukunftsweisenden Planungen wurden durch den Krieg zunichtegemacht und danach nicht mehr aufgegriffen.

Ein Modell der Beziehungen zwischen der Stadt und der Landwirtschaft in ihrem Umland aus Sicht der Bauern wurde von dem Agrar- und Wirtschaftswissenschaftler Johann Heinrich von Thünen 1826 publiziert. Die heute »Thünen'sche Ringe« genannten Strukturen zeigen die Abhängigkeit bestimmter Arten der landwirtschaftlichen Produktion von geografischen Bedingungen. Insbesondere der Transportaufwand und die Verderblichkeit der Produkte spielte eine Rolle, sodass der Gemüsebau

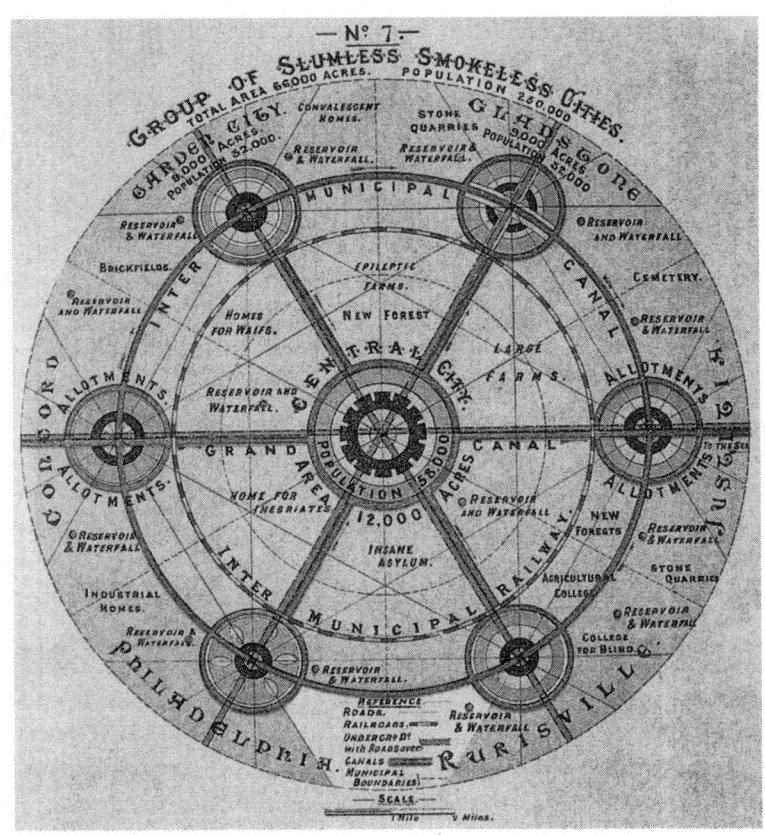

Abbildung 2:
Stadt-Land-Modell (Sir Ebenezer Howard, 1902)

ganz dicht an der Stadt und die extensive Viehhaltung ganz außen angesiedelt sein sollten. Einfachere Kühlung und leichter Gütertransport, aber
auch die zunehmenden Staus in Ballungszentren haben heute die Situation geändert. Frischprodukte direkt vom Acker sollten aber nach wie vor
vorzugsweise in Stadtnähe angebaut werden.

Raoul Francé und das Edaphon

Menschen haben seit Tausenden von Jahren immer wieder Wege gefunden, sehr gute Erträge mit intensiver Humusfütterung zu bekommen. Die Schriftstellerin Annie Francé-Harrar schreibt in ihrem vor über 60 Jahren veröffentlichten monumentalen Bodenbuch »Die letzte Chance für eine Zukunft ohne Not«: Nur der Humus kann »den seinserhaltenden Umbau von Gestorbenem zum Lebenden« leisten. Das ist ein ganz wichtiger Aspekt! Man kann den großflächigen Tod an den erodierenden Regionen der Welt hautnah erleben. Raoul H. Francé, Ehemann von Annie, war einer der ersten systematischen Forscher zum gesamten Bodenleben, das er »Edaphon« (Edaphos = das im Boden Lebende)[30] nannte. Er arbeitete von 1906 bis zu seinem Tod im Jahre 1943 im Biologischen Institut München mit seinen Schülern zum Leben in Böden von fünf Kontinenten. Die Arbeitsgruppe hatte bereits damals auf die Schädlichkeit der Bodenwendung durch das Pflügen hingewiesen und für Bodenbedeckung und Gründüngung plädiert. Annie Francé-Harrar war später Beraterin für Humusfragen (!) der mexikanischen Regierung und hatte Ministerrang.

J. Russell Smith, Tree Crops und der Peanut Scientist

Zur Zeit von Professor Francé hat auch J. Russell Smith vehement vor den verheerenden Folgen der Erosion gewarnt und bessere Wege aufgezeigt. Auf der Liste meiner persönlichen Helden steht er ganz weit oben. Er hat als Gegenmaßnahme gegen die dramatische Erosion in den USA unermüdlich für die Pflanzung von »Tree Crops«[31] in den besonders gefährdeten Hanglagen geworben. Sein gleichnamiges Buch ist immer noch eine Fundgrube für hervorragende landwirtschaftliche Ansätze. Die Grundidee ist die Nutzung der Früchte von Bäumen als Nahrung und als Tierfutter für die unter den Bäumen grasenden Tiere. Die Produktion für menschliche Nahrung beispielsweise mit Esskastanien hat er in Korsika gesehen und auch für die USA propagiert. Robert Hart hat in England in den 1950ern über die »Tree Crops« hinaus die symbiotischen Waldgärten[32] entwickelt.

Hier ein Beispiel für die Tragweite guter Politik: In Korsika herrschten längere Zeit die Genueser. Sie befahlen zur Begrenzung der Hungersnöte im Jahre 1584 die groß angelegte Anpflanzung von Millionen von Esskastanien. Das führte im wahrsten Sinne des Wortes zu einem Aufblühen der Region mit den wunderbar duftenden Blüten, aber auch der Wirtschaft. Die meisten Häuser hatten einen Trockenboden für die Maronen. Durch die Bäume, die das Brot der Korsen lieferten, wurden zugleich die Böden der Hanglagen erhalten, die in aller Welt durch das Pflügen erodieren. Zudem wurde die Wasserregeneration gesichert.

In einer Hungersnot haben die Kastanien die passend nach ihnen benannte Region »Castagniccia« nicht nur vor Hunger geschützt, sondern sogar wohlhabend gemacht. Man kann die Tragweite für die heutige Welt erahnen.

Quer- und Selberdenker des Bodenaufbaus

Kreativität kommt vom ganzen Menschen und nicht von isolierter Denkarbeit. Selbst bei unseren Ingenieurstudenten gibt es nur einen geringen Prozentsatz wirklich kreativer und originärer Mitmacher. Die meisten anderen sind zufriedene und oft auch sehr gute Wiederkäuer. Und das trotz des eher schweren Studiums – aber vielleicht auch gerade deswegen. Zum Glück können wir auf großartige Entwicklungen aus allen Teilen der Welt zugreifen.

Ein Beispiel für einen ganzheitlich kreativen Wissenschaftler, der für den Menschen arbeitete, ist Professor George Washington Carver. Der »Peanut Scientist« wurde in den USA eine allgemein bekannte Persönlichkeit. Er hat von 1915 bis 1923 die erweiterte Wertschöpfung für Nutzpflanzen untersucht. Eines seiner Hauptthemen waren vielfältige Produkte aus Erdnüssen, für die er weit über 100 Nutzungen vorschlug. Der Legende nach hat Carver sehr viele Eingebungen bekommen, indem er seine Fragen inbrünstig gen Himmel richtete. Das geht sicher über die Möglichkeiten des heutigen Internets weit hinaus; eine Kombination der Methoden wäre schön. Carver beschäftigte sich als unabhängiger Querdenker auch mit der Verbesserung von Böden, die durch Monokulturen geschädigt waren. Thank you, Mr Carver!

Fachzeitschriften waren bis vor Kurzem oft unter der Kontrolle der etablierten Fachleute, oft im Sinne kommerzieller Partikularinteressen oder etablierter Sichtweisen. Zum Glück hat sich dieses »Wahrheitsmonopol« mit Onlinepublikationen hoher Qualität wie PLOS ONE aufgelöst.

Wenn derlei offene Journale schon in den 1920er-Jahren verfügbar gewesen wären, hätte sich die Weltgeschichte vielleicht anders entwickelt. Zur gleichen Zeit wie Carver in den USA war Professor Günther Enderlein (1872–1968) in Deutschland einer der weltweit bekanntesten Forscher für die sehr kleinen Lebewesen. Seine Entdeckungen zu den Lebenszyklen der Mikroorganismen führten zu effektiven Heilmitteln der biologischen Regulation. Sie wurden als Konkurrenz der damals entstehenden chemischen Pharmabetriebe mit viel Aufwand verdrängt.[33]

Diese Sicht der wirklichen Welt ist wichtig für das Verständnis ganzheitlicher Systeme und der Gesundheit von Mensch, Pflanzen und Boden. Professor Hans Peter Rusch bestätigte die Entdeckungen in seiner Forschung zum Boden[34] und wurde später Mitgründer von Bioland. Er konnte schon in den 1950er-Jahren zeigen, dass der agrochemische Anbau keinerlei Vorteile, sondern ausschließlich massive Nachteile mit sich bringt. Eine weitreichende These von Rusch ist der Kreislauf der kleinsten Lebensbausteine. Diese können nicht vernichtet werden, selbst durch Temperaturen über 1.000 Grad Celsius. Die von Enderlein beschriebenen 80 bis 100 Einzelteile, in die absterbende Mikroorganismen zerfallen, bilden die Grundlage für neues Wachstum. Zusätzlich ist die aktuelle Forschung von Professor Chanyarat Paungfoo-Lonhienne[35] in Australien wesentlich; Pflanzen nehmen Makromoleküle und sogar lebende Organismen wie E.-coli-Bakterien auf, die sie dann verdauen.

Um noch einen Schritt weiter zu gehen: In den frühen Jahren des 20. Jahrhunderts hat Rudolf Steiner seine Erkenntnisse zur Landwirtschaft vorgetragen, die zum »Landwirtschaftlichen Kurs« wurden. Die biodynamische Landwirtschaft[36] arbeitet sehr erfolgreich nach geistigen Prinzipien und mit homöopathischen Präparaten. Ein anderer einflussreicher Wegbereiter des ökologischen Landbaus war der im kolonial besetzten Indien als Direktor des Institutes für Gartenbau arbeitende

Sir Albert Howard. 1943 wies er auf die katastrophalen Folgen von Humusmangel hin (»An Agricultural Testament«, dt.: »Mein landwirtschaftliches Testament«). Mit der einflussreichen Lady Balfour zusammen wurde in England die Soil Association gegründet. All diese Erkenntnisse haben große Bedeutung auch für die biointensiven Minifarmen des Neuen Dorfes.

Biointensiv: Paris – Kalifornien

Alan Chadwick (1909–1980) untersuchte die früheren Pariser Marktgärtnereien, arbeitete mit Steiner zusammen und lehrte später an der University of California Santa Cruz in den USA. E. F. Schumacher nannte ihn »den größten Gartenbauer des 20. Jahrhunderts«. Er gründete ein Forschungs- und Lehrzentrum für Minifarmen. Dort hat dann Professor John Jeavons die Methode »Biointensiver Anbau« genannt. Er hat die mechanisierte Biogroßlandwirtschaft als bodenzerstörend bezeichnet. Das Wissen aus Paris wurde durch Chadwick und Jeavons erhalten und weiterentwickelt – und wurde durch Charles und Perrine Hervé-Gruyer in Bec Hellouin, Frankreich, weltweit bekannt.

John Jeavons hat den biointensiven Anbau auf sehr alte Kulturen zurückgeführt: Chinesen haben vor 4.000 Jahren so gegärtnert, Griechen vor 2.000 Jahren. Inzwischen ist durch die Entdeckung der Terra Preta, der Dunklen Erde im Amazonas, auch bekannt, dass die Ureinwohner dort vor Tausenden von Jahren einen intensiven Waldgartenanbau betrieben und mit Bioabfällen, Exkrementen, zerkleinerter Holzkohle und Keramikscherben die heute noch fruchtbarsten Böden der Welt geschaffen haben. An meinem Institut arbeiten wir daran, die bodenbildenden Toiletten mit »Terra Preta Sanitation« auf moderne Art nachzubilden.

Grundwissen für Dorfbau:
Rainwater Harvesting mit Keylines

Der australische Unternehmer Percival Alfred Yeomans hat für die Rückgewinnung erodierter Regionen das »Keylines-System« entwickelt. Er knüpfte an viele Ansätze des Rainwater Harvesting an, mit denen seit Menschengedenken Regenwasser zum Beispiel durch Terrassierung von Hängen aufgehalten und zum Versickern gebracht wird. Yeomans hatte ab 1954 seine Konzepte publiziert, unter anderem in »The Keyline Plan«, »Water For Every Farm« und »The City Forest«. Er hat Wassereinzugsgebiete im Großen und im Kleinen so gestaltet, dass der Regenabfluss an den effektivsten Punkten, den Keypoints, in Dämmen gesammelt und von dort im Freigefälle zur Bewässerung nutzbar gemacht wird. Mit den Keylines (Mulden, Gräben) wird der Regenabfluss mit leichtem Gefälle von den erodierenden Abflussrinnen weg auf die Flächen an den Flanken der Hügel geleitet, wo dann mehr Wachstum möglich ist.

Dank der Methode von P. A. Yeomans konnten riesige Gebiete wieder begrünt und genutzt werden. Unter anderem entwickelte er einen Pflug zur Tiefenlockerung, der die Schichtung des Bodens erhält, aber das Versickern von Wasser in degradierte Böden ermöglicht. Er hat offenbar mit dem rationalen Ansatz im Gelände auch intuitiv gearbeitet. Viele Materialien von P. A. Yeomans, seinen Söhnen und von Darren Doherty sind im Internet frei verfügbar. Die Methode ist als ganz wesentliches Element in die Entwicklung der Permakultur eingegangen.

Der aus der Schweiz stammende Jesuit Hermann Bacher hat über einige Jahrzehnte in Indien in der Region um Goa das »Watershed Program« entwickelt und damit Menschen aus Hunger und Verzweiflung zu Wohlstand geführt. Die Arbeiten wurden und werden durch Robert D'Costa aus Goa mit inzwischen schon über 60 blühenden Dörfern fortgeführt. Während die Region insgesamt immer mehr zur Wüste wird, kommt es in diesen von aktiven Menschen geschaffenen grünen Inseln zur Rückmigration: Ehemalige Dorfbewohner, die in den Städten ein besseres Leben suchten, kehren in ihre Heimat zurück. Das Projekt »Miracle Water Village« wird weiter unten noch beschrieben.

Permakultur und Pflanzenwissen

Eine großartige Synthese vieler guter Ansätze der Landnutzung haben David Holmgren und Bill Mollison mit dem Konzept der Permakultur geschaffen. Mollisons und Holmgrens große Stärken sind die Entwicklung eines synergistischen Gesamtkonzeptes und die Strukturierung der Geländegestaltung. Daraus ist eine internationale Bewegung mit Ausbildungsprogrammen geworden, durch die bereits Tausende von Menschen zu einem Leben auf dem Land gefunden haben. Die Permakultur ist stark verbunden mit dem Global Ecovillage Network (GEN), dem Verbund der Ökodörfer. In der Permakultur ist in England die umfangreiche Sammlung »Plants for a Future« über die unglaublich vielen essbaren Pflanzen entstanden. (»Essbar« heißt nicht immer »lecker«, manches wird aber vielleicht nach Gewöhnung sogar zum Lieblingsessen.)

Für die ländliche Entwicklung ist das Heilpflanzenwissen von Maria Treben und Dr. Wolf-Dieter Storl ganz wichtig. Für tropische Regionen hat der Pharmakologe Dr. Hans Martin Hirth mit sehr viel praktischer Erfahrung durch Anamed[37] Pionierarbeit geleistet. Der Ethnobotaniker Storl hat aus eigener harter Erfahrung auch das Buch »Der Selbstversorger«[38] geschrieben und in seinen Büchern und Vorträgen viel über die spirituelle Ebene des Zusammenwirkens mit Pflanzen geschrieben.

Einer meiner Lehrer für Nutzpflanzenvielfalt ist Dr. Jürgen Reckin. Er hatte etwa zehn Jahre, bis zum Ende der DDR, die Versuchsstation Buckow der VVB Saat- und Pflanzgut Quedlinburg geleitet. Er konnte mit dieser Einrichtung auf Hunderten von Versuchsparzellen eine Schaustelle für kaum bekannte Nutzpflanzen etablieren. Es gab Tausende von Besuchern und eine Zusammenarbeit mit der Humboldt-Universität im nahen Berlin. Nach der Wiedervereinigung wurde diese wegweisende Einrichtung gezwungen, sich in eine GmbH umzuwandeln, die jedoch bald aufgelöst wurde. Es war sogar eine Vernichtungsanordnung für 40 sehr gute Weinsorten ergangen. Die weitere Zucht der meisten der erfolgreichen Pflanzen aus dem Versuchsbetrieb konnten aber von Privatleuten fortgeführt werden, sodass letztlich nur wenige verloren gingen. Natürlich stehen viele auch auf meinem Gelände.

Jürgen Reckin hat in seinem kleinen Biodiversitätshotspot seit einigen Jahren immer mehr auch junge Menschen, die bei ihm mitarbeiten und von ihm lernen. Die ganz besondere Nutzpflanzenauswahl und Züchtungen daraus sind unter anderem bei der Baumschule P. Fischer vom Inhaber Steve Ohlendorf in Schorfheide bei Berlin verfügbar. Für Jürgen ist die versuchte Zerstörung seiner Arbeit letztlich sehr positiv ausgegangen. Er arbeitete viele Jahre für einen Naturheilmittelbetrieb und konnte sein Wissen in Ecuador, Chile, Hawaii, Kuba und Sri Lanka einbringen. Als ich ihn vor einigen Jahren mit auf die Philippinen nahm, wurde er in unseren Workshops immer von Studenten umringt und ausgefragt. Sie bedrängten mich: »When will Jürgen teach again?« Jürgen Reckin war einer der Ersten, die Terra-Preta-Systeme in Deutschland eingesetzt haben.

Kleinräumige Portionsbeweidung

Bei Humusaufbau kommt eine ganz wichtige Entwicklung des oben genannten Ökologen Allan Savory zur Anwendung. Er entdeckte, dass durch eine besonders dichte Weidehaltung und ein systematisches schnelles Wechseln der Weidenstücke sehr schnell Humus aufgebaut werden kann. Die Methode hat Savory »Holistic Planned Grazing« genannt, die wissenschaftliche Untermauerung in vielen Publikationen ist inzwischen vorhanden, die Liste auf seiner Internetseite verfügbar. Eine Kombination mit »Tree Crops« ist besonders aussichtsreich, sowohl Tiere als auch Bäume sind großartige Bodenverbesserer.

Der Bauer Joel Salatin in Swoope, Virginia, hat diese Ansätze in den USA aufgegriffen und auf seiner Polyface Farm weiterentwickelt. Bei ihm wirken zusätzlich noch unterschiedlichste Tierarten zusammen. Joel Salatin ist ein bekannter Aktivist für lokale Produktion und in seinen Vorträgen und YouTube-Videos durch seine Erfahrungen mit der von Behörden betriebenen Zerstörung von Kleinbetrieben erfrischend radikal.[39] Die Methoden von Savory und Salatin sind zwar auf sehr großen Flächen entwickelt worden, aber im kleinen Maßstab noch leichter anwendbar.

Was in Videos und Vorträgen so leicht aussieht, hat immer sehr viel harte Aufbauarbeit gekostet. Über Fehlschläge wird nicht so gerne berichtet, sie passieren aber nicht ganz so selten. Der »Gegenteilfarmer« Gene Logsdon[40] aus Ohio, USA, hat sehr viele alternative Farmen beschrieben. In seinem Buch kann man viele nützliche und teils komische Geschichten von ihm und anderen »Cottage Farmern« lesen. Mich hat er sehr bestärkt – er schreibt immer wieder von der großen Überlegenheit kleiner Flächen mit diversifizierter Nutzung! Die Kleinbauern aus Überzeugung vermeiden Verschuldung, haben immer mindestens eine weitere Einnahmequelle und sollten sich nicht zu sehr um den Vertrieb kümmern müssen. Logsdon hinterfragt die Strukturen der Globalisierung und setzt sich vehement für lokale Produktion nicht nur von Lebensmitteln ein.

Wer von Ihnen, liebe Leser, etwas Besonderes entwickelt und verwirklicht hat, sollte ein kurzes Video davon auf YouTube hochladen – bitte möglichst mit Creative-Commons-Lizenz. Wenn von all den erprobten Ansätzen viele kombiniert werden, können produktive Dörfer mit Minifarmen und Kleinbetrieben sehr gut funktionieren.

Die Ökodorfbewegung

In den letzten drei Jahrzehnten haben sich viele Menschen der internationalen Ökodorfbewegung angeschlossen (Global Ecovillage Network, GEN), sich mit Konzepten zur Ansiedlung im ländlichen Raum beschäftigt und eine Vielzahl spannender Projekte aufgebaut. Leider ist bisher die sehr starke Ausweitung, die ich vor 20 Jahren erwartet hatte, ausgeblieben. Das liegt sicher an der teils schwierigen Gruppendynamik, für die es aber inzwischen gute Lösungsansätze gibt. Zum anderen ist bei sehr vielen der größeren Ökodörfer mit 100 Bewohnern und mehr leider wenig originäre Wertschöpfung aufgebaut worden. Viele der Beteiligten leben vom Ausrichten von Seminaren oder entgegen dem ökologischen Anspruch von auswärtigen Tätigkeiten.

Das GEN vernetzt rund 10.000 Ökodörfer in etwa 100 Ländern, allerdings sind viele davon sehr klein. Weiter unten schreibe ich über einige der größeren Projekte, nicht nur über ihre Stärken, sondern auch über das, was aus meiner Sicht nicht funktioniert. Für Gartenringdörfer ist die Mitwirkung im Global Ecovillage Network auf jeden Fall interessant. Die Ökodorfbewegung muss deutlich mehr lokale Wertschöpfung jenseits der vielen Seminarangebote entwickeln. Genau das ist ein Hauptziel des Neuen Dorfes. Während die Ökodorfbewegung oft sehr stark auf »Gemeinschaft« setzt, ziehe ich das Modell »interessante Nachbarschaft« mit eigener Minifarm und vielen Möglichkeiten der nachbarschaftlichen und freundschaftlichen Zusammenarbeit vor.

Die Anastasia-Bewegung

Die jüngste der bedeutenden Bewegungen für die ländliche Entwicklung ist schnell gewachsen. Erst in den 1990er-Jahren gab es in Russland durch eine Buchreihe von Wladimir Megre immer mehr Interesse am Siedeln auf dem Land; es entstand die Anastasia-Bewegung. In Russland sind bereits etwa 25.000 Menschen auf das Land gezogen und bewirtschaften nach dem Anastasia-Konzept der Familienlandsitze einen Hektar Land. Noch einmal so viele Menschen haben bereits mit dem Aufbau eines Familienlandsitzes begonnen, leben aber noch in der Stadt. Es kursieren allerdings sowohl deutlich niedrigere als auch höhere Zahlen, die genannten hat ein Bekannter, der Russe und Teil der Bewegung ist, selber vor Ort recherchiert. Der Bekannte hat auch berichtet, dass es nur wenige große Ansiedlungen gibt, die meisten sind nur von wenigen Familien erstellt worden. Ich kann mir vorstellen, dass damit die Attraktivität sehr viel geringer ist als diejenigen mit deutlich mehr Menschen – die kleinen Siedlungen sind oft sehr abgelegen.

Der sonderbar wissende Blick Anastasias aus der abgelegenen sibirischen Tundra auf eine in die Sackgasse geratene Weltgesellschaft und die vielen überraschenden Antworten erweitern mit spannender Lektüre den Horizont. Es gibt viele Verbindungen zur Permakultur, weiter unten mehr dazu.

5

Small is Beautiful

*»Wir können nicht unser gesamtes Vertrauen
in riesige industrielle Systeme legen, weil ihnen meiner Meinung nach
die Balance fehlt und sie den Kern der Selbstzerstörung
schon in sich tragen.«*

Prinz Charles, 2014

Reale Nachhaltigkeit:
Die Natur trägt das Soziale, das die Wirtschaft trägt

Über Jahre wurden den Menschen in aller Welt die drei Ebenen der Nachhaltigkeit eingehämmert: Ökologie – Ökonomie – Soziales. Grafiken und Argumentation stellen die drei Ebenen als gleichberechtigt dar. Was für eine Verzerrung der Wirklichkeit! Es ist manipulativ, die Wirtschaft auf eine Ebene mit der Ökologie zu stellen. Die Wirtschaft ist ganz klar ein Teilbereich des Sozialen und als solche klar in ihre Grenzen zu verweisen: Wirtschaft muss der Gesellschaft insgesamt dienen!

Das Ökosystem enthält alles andere und ist von überragender Wichtigkeit. Die Konzerne der Agrochemieindustrie, der Energiewirtschaft, der Rüstungsindustrie und der synthetisch-pharmakologischen Medizin sind gefährlich mächtig geworden. Dagegen müssen für die Menschen wieder echte Handlungsoptionen aufgebaut werden. Mit einer starken und unabhängigen Lokalwirtschaft können sich Menschen aus der Abhängigkeit von Arbeitsplätzen und globalen Produkten befreien. Unsere heutige Gesellschaft muss dringend die Macht von den destruktiven Kräften zurückgewinnen; die Wirtschaft muss den Menschen dienen und mit der Natur auf Dauer harmonieren und kooperieren.

Die Wirtschaft darf auf keinen Fall die Politik einseitig beherrschen oder zu stark beeinflussen. Es ist unsinnig, dass ein Mensch oder sogar eine »juristische Person« durch eine einmalige Investition ohne wesentlichen weiteren Einsatz dauerhaft die vollständige Kontrolle über ein Unternehmen gewinnen kann. Sieben Milliarden Menschen haben inzwischen kaum noch Handlungsspielraum – doch das lässt sich ändern.

»Produktion durch die Massen statt Massenproduktion«

Dieser Satz stammt von Mahatma Gandhi und ist heute genauso relevant wie damals. In der Schule hat man uns drei Produktionsfaktoren gelehrt: Arbeit, Rohstoffe und Kapital. Aber ist das tatsächlich richtig? Sind es nicht eher nur zwei Faktoren, die für die Produktion wirklich von Belang sind? Der langjährige Manager und spätere Entwicklungshelfer Franz Groll belegt, dass dies nur für Arbeit und Rohstoffe zutrifft.[45] Kapital ist natürlich nur ein Startfaktor, nicht mehr – aber auch nicht weniger.

Die Dorfökonomie sollte grundsätzlich anders aufgebaut werden. Sie soll nicht dauerhaft in den Händen von Kapitalgebern sein, sondern im Besitz derer, die hier leben und arbeiten.

147 Unternehmen lenken die Weltwirtschaft?

Nach einer aktuellen, sehr umfangreichen Untersuchung der ETH Zürich sind inzwischen etwa 50 Prozent der gesamten Weltwirtschaft in der Hand von 147 Unternehmen.[46] Das war und ist nur durch die immer weitere Zentralisierung der Massenproduktion möglich. Die Verdrängung der Menschen aus dem Produktionsprozess wird sich durch Automatisierung, Digitalisierung und Robotisierung noch beschleunigen – die Gesellschaft kann sich aber auch anders entscheiden.

Dass es mit der Chancengleichheit bei Bildung und Ausbildung nicht weit her ist, ist allgemein bekannt. Dasselbe gilt aber auch für Unternehmen: Lokale Firmen müssen sich oftmals gegen global agierende Konkurrenten behaupten, deren Preisdumping Neustartern das Leben schwer macht. Erfolgreiche neue Produkte und Dienstleistungen stehen unter genauer Beobachtung – das Ausmaß organisierter Industriespionage ist spätestens seit Edward Snowden offenkundig – und werden oft von den Großen geschluckt. Ein Ausweg aus der ganzen Misere ist die nachbarschaftliche lokale Produktion mit den Menschen und für die Menschen. Der Wohlstand bleibt erhalten, wird nicht in die Ferne abgezogen.

Agrochemische Landwirtschaft: nur noch 60 Ernten?

Die agrochemische Landwirtschaft richtet durch die Landdegradation immense Schäden an.[47] Das System ist selbstzerstörend und kann im schlimmsten Fall die Menschheit vernichten. Es gibt sogar eine UN-Studie, die vorhersagt, dass es nur noch 60 Ernten geben wird.[48] Das wäre aber zum Glück nur richtig, wenn es keine Alternative zur Agrochemie gäbe. Resistenzen gegen die vielfältigen Agrochemiewaffen etwa bilden sich schnell. Herbizide lassen inzwischen immer häufiger »Super-Weeds« entstehen, die nicht mehr chemisch beherrschbar sind. Dieses Anbausystem scheint sich gerade – besonders bei extremer Anwendung – selbst zu vernichten, aber der Umstieg auf Kooperation mit der Natur ist erstaunlich gut machbar. Wie oben erwähnt, steigen derzeit in den USA viele Bauern um, weil das agrochemische System nicht mehr funktioniert. Wenn die Bauern wirklich wüssten, was sie den Menschen antun, würden viele sofort ihre Anbaumethoden ändern. Es erfordert viel Wissen, es kann Schwierigkeiten in der Umstellung geben, die Existenz hängt bei den meisten von einer gut laufenden Produktion ab. Der Umstieg ist aber machbar, es gibt Förderungen und gute Beratung. Ich weiß aus privaten Gesprächen mit einigen Bauern und Produzenten im agrochemischen Bereich, dass sie selber nur biologisch angebaute Lebensmittel essen. Ich möchte sie einladen, sich den folgenden Teilaspekt klarzumachen.

Seit den 1950er-Jahren werden auf agrochemischen Feldern Fungizide eingesetzt, womit die Pilzerkrankungen der Pflanzen verhindert werden. Es ist aber seit Langem wissenschaftlich belegt, dass derart behandelte Pflanzen dann auch kein Silvestrol mehr bilden. Silvestrol (engl. Salvestrol) ist eine wichtige Substanz in Pflanzen, die beim Menschen gezielt und hocheffizient Krebszellen zerstört. Die Professoren Dan Burke und Gerry Potter konnten zeigen, dass Krebszellen ein Markierungsenzym haben, das sie CYP1B1 nannten. Silvestrol wird nur in Pflanzen gebildet, die selber Abwehrkräfte gegen Pilzangriffe bilden mussten. Solche Pflanzen bringen dann Silvestrol in den menschlichen Körper, gehen gezielt an das Markierungsenzym und zerstören so zusätzlich zur normalen »Körperwartung« regelmäßig die immer in gewissen Mengen vorhandenen Krebszellen. Es überrascht nicht, dass seit den 1950er-Jahren die Krebserkrankungen immer mehr zunehmen – hier gibt es sehr wahrscheinlich einen Zusammenhang.[49] Bionahrung sollte für informierte Menschen selbstverständlich sein – für die Boden- ebenso wie für die Menschengesundheit. Die Minifarmen sollen vielen Menschen die freie Entfaltung und besonders gesunde Nahrung ermöglichen.

Klein, lokal und mit Anstand produzieren

Diese ganze aus den Fugen geratene Globalwirtschaft können und sollten wir auf ein gesundes Maß zurückfahren. Die Schaffung ganz vieler lokaler Unternehmen kann neben Millionen von Arbeitsplätzen eine gewisse lokale Unabhängigkeit schaffen. Die Industrialisierung hat über einige Jahrzehnte in ganz wenigen Teilen der Welt auch Massen von Menschen beschäftigt. Damit wurde die Urbanisierung in Gang gesetzt. Diese, global gesehen, sehr wenigen Menschen haben mit der Zeit eine ordentliche Bezahlung und gute Arbeitsbedingungen erkämpft, oft unter Gefahren und Entbehrungen. Inzwischen kaufen ordentlich bezahlte Menschen das Billigste, obwohl es von Menschen in anderen Teilen der Welt unter oft erbärmlichen Bedingungen produziert wird. Die Produktion in Europa verschwindet, wenn wir so weitermachen. Selbst in Deutschland wird nach aktuellen Pressemeldungen nur noch die Hälfte der Investitionen getätigt, die allein für einen Erhalt der Industrie auf aktuellem Niveau erforderlich wären.

Wer anständig bezahlt werden will, muss auch andere anständig bezahlen. Lokalwirtschaft mit angemessenen Preisen ist angesagt. Produktion ist auf dem Land sehr viel einfacher, jedes Stück Land erlaubt bereits die Herstellung der wichtigsten Güter.

Teil II

Das Neue Dorf in aller Welt

6

Geht doch:
erfolgreiche Wunderdörfer

Selbst in Europa und Nordamerika gibt es nicht mehr viele Länder, in denen es wirtschaftlich gut läuft. Auf anderen Kontinenten herrschen mit Ausnahme weniger Regionen katastrophale Bedingungen für einen großen Teil der Menschen. Dort, wo die Familien- oder Minifarmen noch funktionieren, geht es ihnen jedoch meist gut. Ich bin fassungslos, wie einfach die Umwandlung der immer weiter degradierten Regionen in wirklich blühende Landschaften eigentlich ist. Es erfordert aber Systemwissen, das dieses Buch, aber etwa auch die Hamburg Open Online University unter www.ruvival.de vermitteln. Wenn sich die Konzepte der Permakultur, des biointensiven Anbaus und der Waldgärten verbreiten, können Millionen von Menschen mit ihren Familien in hochproduktiver Biodiversität glücklich leben. Revers-Migration kann eine große Bewegung der Befreiung aus unwürdigen Stadtquartieren werden.

Miracle Water Village: Hiware Bazar, Indien

Das effiziente Auffangen des wenigen Regens brachte Wohlstand für ein Dorf im indischen Staat Maharastra, etwa 250 Kilometer östlich von Mumbai (Bombay). Bürgermeister Popatrao Pawar entwickelte durch gute Schulung eine Vision: Mitten in einer riesigen Steppe, wo es kaum Regen gibt und alle Dörfer verlassen werden, sah er blühende Felder und volle Brunnen. Da er zugleich ein charismatischer Mensch ist, wurde er Bürgermeister und konnte im damals sterbenden Hiware Bazar seine Ideen umsetzen. Der Kernbereich war das »Rainwater Harvesting«, eine

Reihe von Maßnahmen, die die Versickerung verbessern und damit das Grundwasser erhöhen, den Abfluss verhindern, das Regenwasser und damit den fruchtbaren Boden mit kleinen Dämmen und Mulden an den Hängen zurückhalten.

Ich habe von diesem großartigen Beispiel ländlicher Entwicklung nicht von den Titelseiten der internationalen Journale erfahren, wo es stehen sollte. Eine unserer indischen Studentinnen, die dort geholfen hatte, berichtete mir davon. Über mehrere Jahre bauten die Dorfbewohner im Vertrauen auf das Konzept gemeinschaftlich an den Hanglagen Mulden. An diesen pflanzten sie Hunderttausende von Bäumen und legten einige kleine Staudämme so an, dass, ohne zu pumpen, die Felder bewässert werden konnten. Der Grundwasserspiegel stieg von vorher 20 Meter Tiefe auf fünf Meter an!

Vorher abgewanderte Familien kehrten zurück, da sie ihre Felder wieder bewässern konnten. Mit der steigenden Milchproduktion wurde die Molkerei vergrößert und ist jetzt ein florierendes genossenschaftliches Unternehmen. Das Dorf baute Toiletten, um die Gesundheitssituation zu verbessern. Das Einkommen im Dorf hat sich vervielfacht, ebenso die Produktivität für die gesamte Region.

Im vergangenen Jahr erhielt ich eine E-Mail von der Bekannten einer Bekannten. Sie fragte, ob ich Robert D'Costa aus Goa, Indien, treffen wolle, der an innovativen Konzepten der Wassernutzung arbeite. Ich schrieb von meiner Begeisterung für »Miracle Water Village« und fragte, ob er das zufällig kenne. Und ob! Er hatte den Bürgermeister ausgebildet und das Projekt begleitet! Bei strahlendem Sonnenschein trafen wir uns in einem Café in Hamburg und kamen aus dem Reden gar nicht mehr heraus. Es gibt jetzt etwa 60 Dörfer, die diesem Weg mit Unterstützung durch die Jesuitengruppe um Robert D'Costa erfolgreich gefolgt sind. Nur wenige haben es wegen fehlender Motivation und der Unfähigkeit zur Kooperation nicht geschafft. Vor mehr als 40 Jahren hatte der Schweizer Jesuit Hermann Bacher die Watershed-Methode zur Regenerierung von verstepptem Land entwickelt. Das Integrated Tribal Watershed and Development Programme (ITWDP) wird von Robert D'Costa von seiner Heimatstadt Goa aus weitergeführt und ausgeweitet, Unterstützung ist willkommen. Ich hatte Robert dann zu einem Vortrag auf der von meinem Institut organisierten »Terra Preta Sanitation«-Konferenz ausgerechnet in Goa eingeladen, die wenige Monate später stattfand. Im Gegenzug hat er mein Team zu einer Besichtigung seines »Watershed Programs« eingeladen. Es funktioniert wunderbar.

Los Gaviotas, Kolumbien

Die Musik hält sie zusammen! Als Los Gaviotas von einer Bank finanzielle Unterstützung angeboten bekam, zogen sich die Bewohner kurz zur Beratung zurück. Nicht Stromleitungen, Telefone oder Abwasserkanäle wurden gewünscht, sondern neue Musikinstrumente. Tatsächlich hat diese Dorfgemeinschaft dank des vielen gemeinsamen Musizierens auch die schwierigsten Zeiten überstanden. Mit dem Harz der einzigen Baumart, die in dieser Gegend anfangs überhaupt gedeihen wollte, versorgt Los Gaviotas heute unter anderem ganz Bolivien mit Kolophonium für Geigenbögen. Der Kiefernwald entwickelte zusätzlich eine sensationelle Akustik, sodass dort heute Musiker aus Bogota Konzerte auf Weltklasseniveau geben.

Der Gründer von Los Gaviotas, Paolo Lugari, sagt zur möglichen Vorbildrolle für viele weitere Entwicklungen: »Gaviotas ist kein Modell. Es ist ein Weg. Führt dieser Weg woandershin, müssen wir ihm folgen und uns entsprechend anpassen.« Anfangs, in den 1970er-Jahren, sah es für die geplante Gründung eines neuen Dorfes in der absichtlich gewählten schwierigsten Region Boliviens zunächst sehr schlecht aus. Die ausgelaugten Böden hatten natürlicherweise einen giftig hohen Aluminiumgehalt. Hunderte von Nutzpflanzen wurden getestet, nichts wollte wachsen. Wie so oft half das Schicksal.

Paolo Lugari saß auf einer Konferenz in Caracas neben einem venezolanischen Agrarexperten, der ihm für diesen Boden eine tropische honduranische Kiefer vorschlug. Im Jahre 1995 gab es dann einen riesigen Wald von über sechs Millionen dieser Kiefern. Die unerwartet reichliche Harzproduktion von Los Gaviotas ersparte dem finanziell nicht sehr wohlhabenden Land Importe gegen Devisen in Millionenhöhe. Dieser naturverträgliche Rohstoff für Farben, Parfüm und Arzneimittel kam jetzt aus dem eigenen Land.[50]

Ich habe von Los Gaviotas eine großartige Lektion gelernt. Der ZERI-Gründer Gunter Pauli hat dieses spannende neue Dorf über lange Zeit immer wieder besucht. Er hat mir erzählt, dass durch den großen Wald plötzlich Quellen mit sehr gutem Wasser entstanden sind, wo es vorher keine gab. Als Siedlungswasserwirtschaftler habe ich mich auch deshalb nicht nur mit dem Wasser, sondern auch immer mehr mit der so wichtigen Humusbildung beschäftigt. Für Los Gaviotas wurde das in Flaschen gefüllte gute Wasser ein ökonomisch wichtiges Produkt.

Lössplateau, China

Eine Weltmacht hat weitgehend unbemerkt eine Fläche von der Größe Belgiens im vorher völlig degradierten Lössplateau in produktives Land verwandelt. Es wurden an den Hängen Terrassen angelegt, um das Abschwemmen von Boden und den Verlust des Regenwassers zu verhindern. Diese wurden durch Millionen von Obstbäumen und durch einen angepassten Gemüseanbau stabilisiert. Insgesamt wurde Humus aufgebaut, was den Bauern ein weit höheres Einkommen brachte. Die Ziegen wurden in Gehegen mitversorgt, sodass die Vegetation sich regenerieren konnte.

John Liu ist ein sehr sympathischer Mensch, den man am Lederhut erkennt, den er offenbar nie absetzt. Wir waren uns bei einem Treffen in Hamburg sofort einig, dass die Bodenverbesserung durch Humusaufbau die entscheidende globale Aufgabe für die Zukunft ist. John kam als Kameramann vor etwa 20 Jahren ins Lössplateau in Nordchina, an der Grenze zur Mongolei. Was er sah, hat ihn so beeindruckt, dass er das Thema weiter verfolgen wollte. Dafür kündigte er seine Stelle und wurde selber Filmproduzent und Spezialist für Regeneration ländlicher Gebiete. Damit konnte er die Entwicklung des Lössplateaus über lange Zeit verfolgen und in Filmen dokumentieren. Diese zeigen ganz deutlich: So kann man großflächig degradierte Regionen wiederherstellen, das Wasser ganzjährig zum Fließen bringen, Überschwemmungen und Dürre verhindern und Millionen von Menschen ein zufriedenes Leben in Würde ermöglichen.

Desert Greening, Jordanien

Geoff Lawton ist ein sehr aktiver Permakulturdesigner und ein großartiger Lehrer. Das für ihn unglaublichste Projekt hat er »Desert Greening« genannt. Ein Stück völlig unfruchtbares, versalzenes Stück Land von vier Hektar in der Nähe des Toten Meeres in Jordanien sollte bepflanzt werden. Es gibt viele Berichte davon, wie Wüsten »grün« gemacht wurden, indem sie einfach mit dem oft sehr knappem Fluss-, Kanal- oder Grundwasser bewässert werden. Das ist dann aber normale Landwirtschaft. An diesem Ort in Jordanien hat Jeoff aber allein mit dem ganz wenigen Regen des Winterhalbjahres bei Temperaturen von über 50 Grad Celsius im Sommer einen Gartenbaubetrieb geschaffen. Es wurde nach dem Permakulturlehrbuch gearbeitet: Entlang der Höhenlinien legten die Arbeiter anderthalb Kilometer Mulden von etwa zwei Meter Breite und einer maximalen Tiefe von einem halben Meter an. Diese Anlage kann bei einem einzigen Regen etwa tausend Kubikmeter Regenwasser auffangen – auf nur vier Hektar! Damit der Boden das Wasser aufnehmen konnte, wurde massiv gemulcht, mit etwa einem halben Meter Material.[51] Auf der Hangseite der Mulden pflanzte Jeoff leguminose Bäume zur Stickstofflieferung, Bodenlockerung und Humusbildung. Die Blätter produzieren zusätzlich dauerhaft Humusfutter. Auf der Hügelseite der Mulden wurden Dattelpalmen, Maulbeerbäume, Feigen und Zitrusfrüchte angepflanzt, was die Einheimischen für absurd hielten. Bereits nach vier Monaten waren die Feigenbäume einen Meter hoch und begannen zu tragen.

Eine spätere Nachricht aus dem Projektgebiet von den Betreibern sorgte bei Jeoff zunächst für Aufregung: Es wurde berichtet, dass der Mulchboden verpilzt sei. Dann stellte er anhand der gemailten Fotos erleichtert fest, dass Speisepilze gewachsen waren, die die Betreiber nicht kannten. Das war großartig! Bei genaueren Untersuchungen zeigte sich zudem, dass die Pilze nicht nur ein weiteres Produkt waren, sondern offenbar das Salz im Boden immobilisierten. Pilze können generell entgiften, daher sollte man auch beim Essen wissen, wo sie gewachsen sind.

Anastasia-Familienlandsitze, Russland

Die Anastasia-Bücher von Wladimir Megre sind seit 1996 erschienen und empfehlen das Anlegen von Familienlandsitzen. Die bislang zehn Bände haben in über 20 Sprachen eine Auflage von über zehn Millionen Exemplaren erreicht. Sie handeln von Erlebnissen und Gesprächen des technisch-urban sozialisierten Unternehmers Megre mit der in den Weiten Sibiriens im und vom Wald lebenden Schamanin Anastasia. Ob die mächtige Schamanin physisch existiert oder ob Megre intuitiven Zugang zu diesem Wissen hatte, ändert nichts an der Kraft der Aussagen.

Anastasia liefert spannende, überraschende und oft sehr praktische Vorschläge, interessante Bewertungen des Stadtlebens und sehr weitreichende Visionen für die Zukunft. Ein Beispiel von vielen: Der junge Wolodja zieht in der Taiga aus einigen Enten- und Gänseeiern kleine Vögel auf, die schließlich flügge werden. Im Herbst fliegen sie mit den anderen Zugvögeln in den Süden. Beim Lesen hatte ich mitleidig gedacht, dass das doch echt viel Mühe für ein paar Eier ist. Dann schämte ich mich für meine vorschnelle Überheblichkeit: Im nächsten Frühjahr kehren die Enten und Gänse in das gleiche Nest zurück, wie es nun mal ihre Art ist, und legten weiter Eier. Sie suchen sich ihre eigene vielfältige natürliche Nahrung, legen immer weiter Eier und ziehen Junge auf. Wolodja bezieht bei dem natürlichen System noch die »Freudenenergie« mit ein, die durch die Verbindung zu den freien Enten und Gänsen durch ihre Freundschaft zu den Menschen entsteht.[52] Großartig!

Die zehn Anastasia-Bände mit Titeln wie »Die klingenden Zedern Russlands«, »Schöpfung«, »Das Wissen der Ahnen« und »Die Energie des Lebens« sind eine furiose Reise durch viele Welten; wenn man David Wilcocks »Synchronizitätsschlüssel« gelesen hat, kann man auch die letzten Bände besser einordnen. Die praktischen Hinweise haben mich inspiriert, eine Sibirische Zeder (Zirbelkiefer, Zirbe) in mein Waldstück zu pflanzen und viele weitere zu säen. Die Sibirische Zeder kann sehr viel größere Nüsse produzieren als ihre Verwandte, die Zirbe in den Alpen. Es gibt dann zwar frühestens in 15 Jahren die ersten der sehr leckeren Früchte, die Pinienkernen ähnlich sind. Dann aber kann der Baum jahrhundertelang jedes Jahr weiter besonders hochwertige Nahrung geben.

Kandelous, Iran

Ali Zahedi forscht an meinem Institut zum Thema »Neues Dorf«. Bei seinen Recherchen fand er ein spannendes Beispiel in seiner Heimat Iran. Auf dem Weg von Teheran ans Kaspische Meer zweigt in den Bergen eine neue Straße ab, die jahrhundertelang nur ein Weg war. Das Dorf Kandelous ist zu einem ökonomisch erfolgreichen Ort geworden. Der sehr engagierte und erfolgreiche Unternehmer Dr. Jahangiri stammt aus diesem Dorf. Nachdem er durch den Aufbau eines Industriebetriebs in einer anderen Region wohlhabend geworden war, hat er seine visionäre Kraft auch für Kandelous eingesetzt. Dieser Mann – im Iran bewundernd »Energy Bomb« genannt – hat an der Gründung von über 4.000 meist ländlichen Kleinunternehmen mitgewirkt. In Kandelous ist neben geschäftlichen Aktivitäten auch ein Museum entstanden, wo Exponate aus dieser ganz alten Kulturregion zu sehen sind.

Durch den Heilpflanzenanbau und die Weiterverarbeitung sind auch etliche Kleinunternehmen von Dorfbewohnern entstanden. Ali hat für seine Forschungsarbeit in Kandelous einen Fragebogen entwickelt, um die Wirkung der Entwicklung für die Menschen zu untersuchen. Da die Region eine eigene Sprache hat, musste er einen Übersetzer mitnehmen, der für ihn ins Persische übersetzte. Es gab ein paar peinliche Verwicklungen, bis er verstand, dass die Frage »Sind Sie mit Ihrem Haus zufrieden?« dort eine Umschreibung für die sehr anzügliche Frage ist »Wie ist Ihre Frau denn so?«. Ali war sehr beeindruckt von der Antwort eines selbstbewussten, zufriedenen Bauern im Alter um die 60. Auf die Frage »Was bedeutet die Großstadt für Sie?« sagte er: »Mehr Geld, mehr Kriminalität, mehr Sucht, kleine Häuser, hohe Ausgaben, weniger Zufriedenheit/Glück.« Es gab auch Aussagen von Menschen, die das Fernsehen hassen und lieber draußen sind, selber aktiv sind. Da kann ich mich anschließen.

Lebensgarten Steyerberg, Deutschland

Im schönen Meditations- und Gebetsraum stehen vielfältige religiöse Symbole und Bilder von Heiligen aus sehr verschiedenen Traditionen und Glaubensrichtungen friedlich nebeneinander. Morgens kann man auf dem großen Dorfplatz Kreistänze mitmachen, manche der rund 150 Bewohner schlafen gerne länger oder arbeiten schon. Mittags gibt es ein leckeres Büfett im riesigen Seminarraum. Wer im eigenen Haus essen will, holt sich im Coop-Bioladen Lebensmittel für seine Küche.

Steyerberg hat sehr sandige Böden. Declan Kennedy und Jean-Philippe Genetier haben einen hochproduktiven, vielfältigen und zugleich wunderschönen Garten- und Obstbau auf insgesamt etwa fünf Hektar geschaffen. Durch große Mengen an Pferdemist und Terra-Preta-Kompostierung mit Zugabe von Pulverholzkohle zusätzlich zur Pflanzenvielfalt und anderen Prinzipien der Permakultur konnte inzwischen der Boden immer fruchtbarer gemacht werden. Im Obstanbau hat Declan auch mit der Nutzung von Magnetfeldern gearbeitet, Informationen zu deren Wirkung kann man auf YouTube unter dem Schlagwort »Agnikultur« finden.

Jean-Philippe hat mir erzählt, dass er mit etwa 8.000 Quadratmeter biointensivem Gemüseanbau angefangen hat, was von der Arbeit her aber nicht zu schaffen war. Inzwischen produziert er in Vollzeit mit Helfern auf 4.000 Quadratmetern mit Beeten, die immer mehr Humus enthalten und selbst barfuß zur Vermeidung von Verdichtung nie betreten werden dürfen. Jean-Philippe ist Geschäftsführer im PaLS (Permakultur am Lebensgarten Steyerberg) und entwickelt die großartigen Arbeiten des professionellen US-Gärtners Eliot Coleman und Jean-Martin Fortier aus Kanada weiter. [53]

Besonders spannend sind die Polykulturen, wo die richtig gewählten Nachbarpflanzen sich gegenseitig unterstützen. Dazu gehört auch die Kombination von Obstbaumreihen mit Gemüsebeeten. Jean-Philippe betont immer wieder die große Bedeutung von solar beheizten Gewächshäusern, in denen ganzjährig etwa 20 Salatsorten wachsen können. Er baut sogar im Winter Möhren an, die dann besonders lecker werden. Die besonders empfindlichen Pflanzen bekommen einen kleinen Folientunnel innerhalb des großen.

Trotz meiner Begeisterung für den Lebensgarten Steyerberg, den ich seit Langem kenne, gibt es auch dunkle Seiten: Die meisten Menschen im Lebensgarten kaufen trotz des Anbaus vor der Tür im Coop-Laden das billigere Gemüse vom Biogroßmarkt des globalen Angebots. Selbst in einer solchen in vielen Dingen gut organisierten Siedlung wird der Gemüsebau vor Ort gefährdet, um von Dumpinglöhnen und industrialisiertem Anbau weit weg zu profitieren!

Schloss Tempelhof, Deutschland: die Produzenten

Die eher neue Gründung des Ökodorfes Schloss Tempelhof im Landkreis Schwäbisch Hall in Süddeutschland ist der Idee des Neuen Dorfes recht nah: Es wird stark auf lokale Produktion gesetzt. Man setzt in der Gemeinschaft unter anderem auf ökonomische Transformation: »Wir wollen, soweit möglich, solidarisch wirtschaften – für die Menschen. Wir sehen Arbeit als Ausdruck unserer tiefen inneren Essenz, für- und miteinander. Im Füreinander entwickelt sich unser soziales Sein, im Miteinander unsere Kraft und Kreativität.«[54] Die Gründung erfolgte 2010 mit dem Kauf des Dorfes Tempelhof, zu dem 30 Hektar Land gehören. Damit können hier bis zu 200 Menschen leben und arbeiten.

Das Land bewirtschaften zwölf Mitarbeiter, die durch Auszubildende und Helfer aus dem Ökodorf unterstützt werden. Sehr nett ist die Idee, dass bei Erntekampagnen auch die gesamte Gemeinschaft zu Hilfe kommt. Es gibt vielfältige Produkte im Gemüseanbau, Gewächshäuser, Ziegenhaltung mit Milchverarbeitung. Durch Solidarische Landwirtschaft wird der Aufwand auf die Kunden verteilt. In Tempelhof wird nach den Prinzipien der Permakultur gearbeitet und etwa auch ein Waldgarten angelegt.

Es wurde im Rahmen des experimentellen Bauens ein großes »Earthship« gebaut, ein zum Teil in den Boden und aus Altmaterialien wie verbrauchten Reifen gebautes passiv-solares Gebäude. Der Bau ist mit 170 Quadratmeter Nutzfläche beeindruckend groß, die Gemeinschaft hat damit einen weiteren Anziehungspunkt geschaffen.

Damanhur, Italien: Meditation und Forschung

Oberto Airaudi war schon als Kind ein Forscher. In seinem letzten Buch, den »Erzählungen eines Alchimisten«, beschreibt er spektakuläre Abenteuer. Seine Erlebnisse und luziden Träume muten surreal an. Zum Teil sind es sicher Mythen und eher sinnbildlich zu verstehen. Sehr früh sieht er im Traum schon das, was später das größte Ökodorf Europas mit einem konfessionsübergreifenden Tempel werden würde: Damanhur liegt etwa 40 Kilometer nördlich von Turin im wunderschönen Tal Valchiusella im Piemont, Norditalien. Falco, wie er hier genannt wurde, hatte offenbar sehr viel Anziehungskraft mit seinem Können und Wissen, er brachte Hunderte von Menschen zusammen, um seine klaren Visionen zu realisieren. Der »Tempel der Menschheit« wurde an einem Kreuzungspunkt globaler Energielinien aus dem Felsen in einem Berg geschlagen.

Weihnachten 2015: Bei meinem ersten Besuch gestern sah ich zum ersten Mal ein großes Kulturbauwerk, das mich selber sehr direkt betrifft und erregt. Noch nie hat mich ein Bauwerk dermaßen berührt, energetisch wie mental. Mit Tausenden von Mosaiken, Skulpturen, Tiffany-Fenstern sowie Zeichen und Bauteilen spiritueller Physik werden die Geschichte der Menschheit und die Entwicklung der Menschen auf vielen Ebenen dargestellt. Schmale Gänge und Geheimtüren verbinden die über Jahrzehnte erstellten und teils noch in Bau und Restaurierung befindlichen Räume. Heute Nachmittag werde ich an einer Meditation im Tempel des Wassers teilnehmen, morgen möchte ich in der Dezembersonne den Heiligen Wald auf dem Berg über dem Tempel besuchen. Inzwischen habe ich einen Tag im Wald verbracht und mich in die sich kreuzenden globalen Energielinien, die geomantische Drachenlinien darstellen, hineingespürt und die Idee des Neuen Dorfes weitergedacht. Der Platz ist ideal geeignet, da Damanhur einige interessante Elemente für derartige Entwicklungen enthält.

Vom Sozialreformer Olivetti zum CREA

Die Tasten meiner Computertastatur haben die übliche QWERTZU-Anordnung. Sie ergibt heute keinen Sinn mehr, da sie auf die bei mechanischen Schreibmaschinen notwendige Anordnung zur Vermeidung des Verhakens der Typenärmchen zurückgeht. Eines der berühmtesten Modelle dieser Zeit wurde von Olivetti gebaut. Dieses Kapitel schrieb ich in einem Café in der ehemaligen Schreibmaschinenfabrik, die heute das Damanhur-Crea geworden ist.

Der Unternehmer und Sozialreformer Adriano Olivetti hatte die Fabrik in dieser schon in den 1950er-Jahren strukturschwachen Gegend im Piemont angesiedelt, um hier Arbeitsplätze zu schaffen und der Landflucht zu begegnen. Dank Damanhur ist das Gebäude nach 25 Jahren Leerstand heute ein lebendiger Ort, mit einem Biosupermarkt, etlichen Ateliers, Heilpraktiken und Wellness, einer Firma für regenerative Energie und einem Veranstaltungssaal mit zweihundert Plätzen.

Damanhur ist keine Enklave, sondern mit kleineren Gruppen im ganzen Tal verteilt und inzwischen auch bei den nicht direkt zugehörigen Einheimischen akzeptiert. Im Dorf sind auf den großen Wandgemälden oft die üblichen Heiligenbilder zu sehen, aber an vielen Orten finden sich dazwischen auch Kunstwerke von Damanhurianern. Insgesamt gehören aktuell etwa 1.000 Menschen zum engeren Umfeld von Damanhur, 600 leben in den »Nucleos«, 400 in Häusern oder Farmen in der Umgebung. Damit habe ich ein weiteres interessantes Dorfmodell kennengelernt. Die Angehörigen der engeren Gemeinschaft leben im Tal verstreut in Gruppen von etwa 15 bis 25 Personen. Sie bewohnen teils Stadthäuser, oft größere ländliche Anwesen und haben im Gesamtverbund spezifische Aufgaben.

Findhorn und die Vielfalt der Ökodörfer

Es gibt so viele tolle Wunderdörfer! Sie haben ihre Stärken und Schwächen, und heutige Dorfgründer können von ihnen lernen. Sehr viele Ökodörfer sind eher unbekannt, viele sehr klein, aber die im Global Ecovillage Network organisierten sind oft lokal aktiv. Die Entwicklung von Findhorn in der Nähe von Inverness, Nordschottland, ist absolut faszinierend. Für mich ist besonders der Aufbau produktiver Gärten in einer sehr unwirtlichen Gegend und die zumindest in der Anfangszeit sehr intensive Zusammenarbeit mit den für die meisten Menschen nicht sichtbaren Naturwesen bemerkenswert. Die 40-Pfund-Kohlköpfe auf ursprünglich sandigem Boden sind legendär, werden aber heute offenbar nicht mehr erreicht. Meditation und Kommunikation mit dem Göttlichen waren für die Gründer von Anfang an wesentlich, aus den drei Erwachsenen und drei Kindern 1962 wurden bis heute etwa 600 Menschen.

Ein Satz von Eileen Caddy, einer Mitgründerin von Findhorn, zeigt die Einstellung: »Willst du der Welt helfen? Dann schau nach innen! Wenn du dein Bewusstsein von Liebe, Frieden, Harmonie und Einheit veränderst, ändert sich das Bewusstsein der ganzen Welt.« Wenn man sich klarmacht, dass alles mit allem verbunden ist, klingt dieser Satz auch nicht nach Größenwahn, sondern reflektiert ein positives Mitwirken, zu dem der Verstand allein nicht in der Lage ist.

Sieben Linden, The Farm und Tamera

Über das sehr aktive Ökodorf Sieben Linden in der Altmark in Sachsen-Anhalt wurde schon sehr viel geschrieben, bekannt ist Michael Würfels Buch »Öko Dorf Welt«.[55] Es gibt großartige Ansätze wie den Versuch, völlig ohne moderne Maschinen zu leben und zu arbeiten.

Vor einiger Zeit habe ich mit meinem Bekannten Falk telefoniert, der vor Kurzem in den USA »The Farm« besucht hat. 300 Hippies in Aufbruchstimmung waren zunächst mit Bussen auf eine aufgegebene Farm in Tennessee gezogen und wollten die Welt verändern. Das Projekt wirkte absolut überzeugend, Falk und ich selber waren damals, ohne uns zu kennen, überzeugt, dass »The Farm« ein Zukunftsmodell sei. Heute gibt es nicht mehr viel Farming, und selbst der Gemüseanbau läuft kaum, die Amishen in der Nachbarschaft liefern günstiger. Der Seminarbetrieb lebt, aber es gibt deutliche Nachwuchsprobleme. »Das ist gar keine Farm mehr«, war ein Fazit aus Falks Besuch.

Tamera in einer trockenen Gegend im Süden Portugals hat mit Unterstützung durch Sepp Holzer mit Rainwater Harvesting und Permakultur die Belebung und Produktionssteigerung einer großen Fläche erreicht. Für mich als Geomanten ist es schön, dass es dort einen häufigen bewussten Austausch mit den feinen Strukturen und Wesenheiten der Gegend gibt. Es ist auch ein sehr positives Zeichen, dass die lokalen Behörden inzwischen die weitere ökologische Aufwertung der Region durch Tamera unterstützen. Der sichtbare Erfolg ist entscheidend.

Dorfgründer mit positiver Motivation gesucht!

Aus eigenen Beobachtungen, vielen Gesprächen und Berichten über die Ökodörfer jenseits der meist überwiegend positiven Selbstdarstellungen habe ich folgenden Eindruck gewonnen: Es scheint mir, dass ein Teil der Siedler sich solchen Projekten anschließen, weil sie woanders alles negativ sehen. Nach einer Euphoriephase kann aber das Muster »Alles ist Mist« wieder zum Tragen kommen. Zum Glück bieten Ökodörfer einige Möglichkeiten für persönliches Wachstum, die aber bisher oft nicht ausreichen. Es wäre für eine starke Siedlungsbewegung gut, wenn sich mehr motivierende Menschen mit einer positiven Lebenseinstellung für ein Leben auf dem Land entscheiden.

7

Neues Dorf weltweit

»Das Land braucht mehr Bäuerinnen und Bauern!
Auch wieder mehr landwirtschaftsnahe Handwerker, Verarbeiter
und Händler. Wir wollen mehr Menschen,
also mehr Hände, Herzen und Hirne pro Hektar.«

Freisinger Kreis[56]

Der Begriff »Dorf« ist bisher sehr ambivalent besetzt; er provoziert oft Assoziationen wie »ländliche Idylle«, aber auch »keine Arbeitsplätze« und »nix los«. Aktuell sind Überalterung, Abwanderung und Verlust von Schulen und Läden sehr verbreitet. Wie kann man attraktive Dörfer der Zukunft gestalten? Wie können die vielen Millionen allein in Deutschland auf dem Land durch die Industrialisierung der Landwirtschaft vernichteten Arbeitsplätze zurückgewonnen werden? Wie kann die Wertschöpfung vom Land, die heute überwiegend von der Industrie und in der Stadt eingenommen wird, wieder mehr auf das Land verlegt werden? Die Welt wird hauptsächlich durch Kleinbauern ernährt, die zugleich oft ein gutes Leben haben.

Afrika, Europa und Revers-Migration

Ein Blick über den Tellerrand: In vielen Ländern Afrikas und Südostasiens kann mit Humusaufbau durch Polykulturen, Waldgärten und Rotationsbeweidung die Erosion relativ schnell umgekehrt werden. Das Wasser wird mit Rainwater Harvesting und Terrassierung regeneriert. Damit können Millionen produktiver Paradiese mit einer lebendigen lokalen Wirtschaft entstehen. Die Menschen in Politik, Wissenschaft und Wirtschaft müssen sich entscheiden, ob sie für das Wohl aller Menschen oder für einseitige Profitinteressen arbeiten wollen. Es gibt immer mehr große und kleine Projekte, die die Zerstörung der Böden abwenden. Meist stecken immer noch engagierte Einzelpersonen und NGOs dahinter.

»Slope Farming Arba Minch« zum Beispiel ist ein studentisches Projekt in Südäthiopien. Mein Institut zeigt mit der örtlichen Universität und in enger Abstimmung mit den Behörden modellhaft, wie man eine Fläche regenerieren kann. Ich bin seit über zehn Jahren an Projekten in der Region beteiligt, insbesondere sind schon etliche ökologische Toilettenanlagen gebaut worden. Arba Minch bedeutet »Vierzig Quellen«, die natürlich von humusreichen Böden mit dauerhaftem Bewuchs im Einzugsgebiet abhängen und bisher immer schwächer werden. Man wies uns eine erodierende Fläche zu, die immer wieder zu Überschwemmungen mit Schlammlawinen führt. Wir kombinieren Rainwater Harvesting, Permakultur in Terrassenbau mit Baum-Strauch-Feldfrucht-Polykulturen (natürlich mit den genialen Moringa-Bäumen!) sowie Rotationsbeweidung, »Terra Preta Sanitation« und Holzgaskocher.

In vielen Aufforstungsprojekten in Afrika werden Millionen von Bäumen gepflanzt, die aber meist keine Nahrung produzieren und auch wieder anfällig für illegale Abholzung sind. Wir erstellen hochproduktive Dauerkulturen mit Bäumen, die von Kleinbauern zum Lebensunterhalt genutzt und damit auch geschützt werden können. Die Bauern können zum Einkommen der Region beitragen, die Landnutzung kann für den Schutz der Hänge und die Sicherstellung der Wasserversorgung durch Erhalt des ganzjährigen Bewuchses nebenbei und ohne Zahlungen der Behörde erfolgen. Bei Verbreitung solcher und ähnlicher Systeme können auch die Millionen von Menschen für die oft erforderliche kleinräumige Erosionsbekämpfung gewonnen werden. Diese haben dann auf dem Land eine sehr attraktive Lebensperspektive. Die Abwanderung in die Slums der Großstadt und die oft folgende Emigration werden so unnötig.

Wenn Menschen ihr Land verlassen müssen, ist das meist ein furchtbares Schicksal. Die verbreitete Untätigkeit ist schwer zu ertragen, auch die Untätigkeit der Menschen selber. Nach aktuellen UN-Berechnungen führt die weitere Ressourcenzerstörung in Afrika über die nächste Dekade zu weiteren 50 Millionen Migranten. Um unendliches Leid, Hunger und weiterer Verlust an Wasser und Lebensmittelproduktion zu verhindern, muss viel passieren. Es ist nicht akzeptabel, dass Menschen ihre eigenen Lebensgrundlagen zerstören und abwandern müssen. In Europa ist es für die meisten Migranten ungleich schwerer, sich ein gutes Leben aufzubauen. Die Abwanderung erfolgt oft aus einer Kombination von Misswirtschaft, schwierigen Lebensbedingungen und Illusionen über die überschuldeten »reichen« Länder.

Neue Dörfer in aller Welt: wo, wie groß, wie viele?

Dabei könnten viele Regionen in Afrika leicht in ein Paradies verwandelt werden, subtropische und tropische Bedingungen bieten so viele Möglichkeiten! Sie können sehr produktiv sein, drei Ernten im Jahr erzielen und ohne Heizung auskommen. Bei ökologischer Bauweise ist oft auch keine Klimaanlage nötig. Das Konzept eines gut angepassten Neuen Dorfes kann in Zusammenarbeit mit den jeweiligen Staaten und Behörden mit entsprechenden Ausbildungsprogrammen sehr schnell verbreitet werden. Für die Weiterentwicklung, als Vorbild und auch um die heute eingeengten Lebensperspektiven in Deutschland und Europa zu erweitern, ist die Realisierung derartiger Modelle auch in den Ländern des Nordens wichtig.

Das Neue Dorf kann als Kleinbauerngenossenschaft organisiert sein, sodass sich nicht alle um den Vertrieb kümmern müssen. Sie können das Land in hochproduktiven kleinbäuerlichen Systemen bewirtschaften und in Wohlstand leben. Viele Regionen in aller Welt funktionieren nur durch kleinbäuerliche Strukturen; wenn diese durch Erosion verschwinden, sinkt die Produktivität der Region auf Armutsniveau – bei gleichzeitiger weiterer Zerstörung. Um die Chancen der geeigneten Regionen in der Welt zu nutzen, ist Wissen erforderlich. Mit der interaktiven Website www.ruvival.de der Stadt Hamburg entsteht dafür nun ein starkes Tool, das auch eine Ebene für Anwender hat.

Wie viele Neue Dörfer kann es geben? Viele Millionen! Ein gutes Leben für weit mehr als 20 Milliarden Menschen kann auf diese Art gesichert werden. Es ist alles da!

Dorfbau studieren: Ruvival!

Seit über 15 Jahren lehre ich an der TUHH das Fach »Rural Development in Different Climates« für internationale Studierende aus aller Welt, unter anderem in den Master-Studiengängen »Wasser und Umwelt« sowie »Environmental Engineering«. Es war ursprünglich eher für die ländliche Entwicklung beispielsweise wirtschaftlich schwacher Regionen in Afrika gedacht, es wurde aber schnell klar, dass auch die ländliche Situation in Deutschland der Entwicklung bedarf. Im Laufe der Jahre habe ich immer mehr Methoden zusammengestellt, viele davon stammen aus Anregungen und Hinweisen der Studierenden. Inzwischen wurde auch das Fach »Water in a Global Context and Ecotown-Design« in das Curriculum aufgenommen, das jetzt online unter www.ruvival.de verfügbar ist. Doch das war ein langer Weg.

Nachdem ich die »Rural Development«-Vorlesungen angefangen hatte, gab mir in einem frühen Jahrgang die indische Studentin Asri eher schüchtern ein Video über das oben beschriebene »Miracle Water Village«, Hiware Bazar, Indien. Sie hatte als Mitarbeiterin der Umweltbehörde an dem Rainwater-Harvesting-Projekt mitgearbeitet. Mir kamen die Tränen, als ich in dem Video sah, wie einfach sich ein Dorf in einer Region mit Dürre, Hungersnöten und ständiger Abwanderung innerhalb weniger Jahre in eine prosperierende Oase verwandeln konnte. In diesem Dorf gab es sogar viele Rückkehrer aus der übervölkerten Großstadt Mumbai, wo die abgewanderten Dörfler gehört hatten, dass es wieder genug Grundwasser gibt. Das Projekt entfachte mit meinen Erfahrungen in vielen Teilen der Welt sofort ein Feuerwerk von Gedanken. Mir wurde klar, dass es so mit überschaubarem Aufwand und wenig Geld in großen Teilen der Welt aussehen könnte. Hunderte Millionen Menschen könnten ein sehr gutes Leben haben und die Kinder zur Schule schicken, anstatt dass sie täglich viele Stunden zum Wasserholen gehen und durch Fehlernährung ihre Gehirne nicht richtig entwickeln können. Viele Studentengenerationen haben inzwischen diesen Film gesehen. Die Stimmung nach diesen 13 Minuten ist ungläubiges Staunen, Begeisterung, viele haben ebenfalls Tränen in den Augen. Diese Erfolgsgeschichte habe ich weiter oben schon ausführlicher beschrieben. Für mich war dieser Film ein Wendepunkt in meiner beruflichen Entwicklung.

An der TUHH entwickle ich mit meinem Team die »Rural Development Toolbox« weiter. Das »Wunder« des indischen Wasserdorfes war mit nur etwa zehn Prozent der nach unserem Wissen im Jahr 2017 verfügbaren Möglichkeiten gelungen. Insgesamt sind so viele erprobte Lösungen möglich, dass der gegenwärtige Zustand der Welt nur durch groteske Dummheit immer schlimmer werden kann. Mit Ruvival entwickeln wir leicht verfügbare Bildungsmöglichkeiten für interessierte Menschen in aller Welt – wo der Zugang zu Hochschulen oft nur für sehr wenige möglich ist. Zusätzlich wollen wir diese vernachlässigten Themen auch in anderen Hochschulen bekannter machen.

Weiter unten findet sich eine unvollständige Liste von Möglichkeiten der lokalen Produktion. Diese Liste ist Teil der Ruvival-Materialien und soll die Vielfalt machbarer Ansätze multimedial vermitteln. Dabei ist mir das Systemverständnis wichtig, das der übliche Schulunterricht leider nicht zu fördern scheint. Ruvival ist durch eine Reihe glücklicher Fügungen entstanden. Die Stadt Hamburg fördert seit 2016 eine von meinem TUHH-Kollegen Professor Sönke Knutzen angeregte Internetplattform aller Hamburger Hochschulen, die »Hamburg Open Online University« (HOOU). Mit »Sustainable Rural Development and Eco-Town Design« sind wir unter den ersten Pilotprojekten. Es werden global zugängliche, interaktive und gruppentaugliche Lernmöglichkeiten zur spielerischen Erarbeitung von Lösungsansätzen geschaffen. Oberbürgermeister Olaf Scholz hat in einer Gesprächsrunde zu HOOU gesagt, dass er sich für Hamburg ein eigenständiges Projekt deutscher Hochschulen wünscht. Er möchte ein Zeichen setzen gegen die aktuelle Entwicklung in Deutschland, wo sich viele andere Hochschulen an besonders namhafte Universitäten aus den USA anhängen. Wahrscheinlich soll der Glanz etwas abfärben, für mich sieht das aber eher nach Unterordnung aus.

Durch das engagierte Team von Ruth Schaldach und Tina Carmesin mit bis zu zehn Leuten und die bereits vorher gut ausgebaute Sammlung von Methoden konnten wir von allen Projekten mit Abstand die meisten Module entwickeln. Die Mitwirkung für mindestens drei Monate von Menschen mit Erfahrung und eigener Finanzierung ist in Form von Praktika, Master- oder Doktorarbeiten zumindest bis 2022 willkommen. Unser Traum ist die Anregung und fachliche Unterstützung der Entwicklung eines Computerspiels, bei dem man auf spannende und realistische Art existierende Gebiete entwickeln kann.

8

Gut leben
durch hohe Produktivität

Wesentlich für ein gutes Leben ist die entspannte Sicherung der Lebensgrundlagen. Die Produktion von Lebensmitteln erfordert viel Arbeit und fruchtbares Land. Sobald Humus und Polykulturen mit Waldgärten aufgebaut sind, geht es dann aber leichter.

Eine Sensation in Frankreich:
La Ferme du Bec Hellouin

Die Pariser Klimakonferenz 2015 wurde mit dem Film »Tomorrow – Die Welt ist voller Lösungen« eröffnet. Das Regieduo Cyril Dion und Mélanie Laurent präsentieren darin viele Lösungen zur Abwendung des ökologischen Zusammenbruchs.[57] Der Aktivist Cyril Dion hatte einige Jahre zuvor mit Pierre Rabhi (Schriftsteller, Biolandbauaktivist und Initiator des Konzepts »Oasis en tous lieux« – Oasen überall!) und gemeinsamen Freunden die »Colibris«-Initiative gegründet und den Film von Coline Serreau »Solutions locales pour un désordre global« (dt.: »Good Food, Bad Food – Anleitung für eine bessere Landwirtschaft«) koproduziert. Dann kam »Tomorrow« mit einer Sensation:

Die »Ferme du Bec Hellouin« in Nordfrankreich, in der Normandie – ein Zukunftsmodell! In diesem Betrieb haben Perrine und Charles Hervé-Gruyer viele gute Gartenbaumethoden aus aller Welt kombiniert.[58] Konventioneller Gartenbau war ruinös, mit dem Konzept der Permakultur ging es wieder vorwärts. Besonders die Einführung der biointensiven Gartenbaumethoden brachte sehr hohe Erträge mit überschaubarem Aufwand an Raum und Zeit. Charles segelte vor dem Kauf der Farm 22 Jahre lang auf seinem Schulschiff für Ökologie und indigene Kulturen viele Male um die Welt. Er wollte auf seiner Minifarm die Eleganz der Lebensführung seiner Freunde aus uralten Völkern erreichen – das scheint gelungen zu sein.

Zu der völlig unkonventionellen und hochproduktiven Anbaumethode wurde über mehrere Jahre eine wissenschaftliche Untersuchung durchgeführt.[59] Dafür wurden Beete mit einer Fläche von 1.000 Quadratmetern ausgewählt. Für diese Flächen wurde akribisch alles aufgelistet, was eingebracht, entnommen und wie viel Arbeit bis hin zur Vermarktung der Produktion aufgewendet wurde. Mit reiner Handarbeit wurden mit Direktvertrieb zu Biopreisen nach drei schon sehr guten Jahren über 40.000 Euro erwirtschaftet! Der Arbeitseinsatz betrug dabei etwa 1.600 Stunden für Gartenarbeit und 2.400 Arbeitsstunden insgesamt inklusive Vertrieb auf lediglich 1.000 Quadratmetern!

Das Vorbild von Bec Hellouin zeigt, dass auf einer kleinen Anbaufläche mit Perma- und der Biointensivkultur in etwa eine Vollzeitarbeitsstelle entstehen kann. Nachdem ich in den letzten Jahren viele hochproduktive ökologische Systeme besucht habe, weiß ich, dass solche spektakulären Erträge machbar sind.

Biointensiv mit Vogelgesang: vier Arbeitsplätze auf 6.000 Quadratmetern

Endlich halte ich »The Market Gardener« von Jean-Martin Fortier aus Kanada in den Händen.[60] In der Sonne auf dem Balkon habe ich darin gelesen, die Recherche macht so besonderen Spaß! Dieses Grundlagenwerk für ökologische Minifarmen zeigt auf lebendige Art die praktischen Grundlagen und die Voraussetzungen für einen risikoarmen Start auf.

Severine von Tscharner Fleming berichtet vom ersten Besuch der Minifarm »La Grelinette« in Quebec: »Es gibt etwa gleich viel Freizeitgeräte wie Farmausrüstung.« Großartig! Bei Familie Fortier wird mit zwei Mitarbeitern neun Monate im Jahr teils hart gearbeitet – und dann ist Zeit für Reisen. Aber auch während der Saison bleibt genug Freizeit, eben auch wegen der Beschränkung auf eine relativ kleine Fläche. Jean-Martin:

»Unsere Arbeit ist angenehm, auskömmlich und ermöglicht einen gesunden Lebensstil. Meistens können wir dabei die Lieder der Vögel genießen, anstatt Maschinenlärm zu ertragen.« Für ihn war es anstrengend, zum Schreiben seines Buches so viele Tage am Computer verbringen zu müssen.

Jean-Martin Fortier und seine Frau Maude-Hélène Desroches hatten nach dem Umweltstudium zwei Jahre lang die USA und Mexiko bereist und dabei auf vielen kleinen Biofarmen gearbeitet. Jean-Martin kam nicht vom Land, er sagt, dass die viele Arbeit im Freien seine Seele genährt habe. Die beiden bauten trotz aller Vorurteile der Experten ihre Minifarm auf. Heute bewirtschaften sie anderthalb Acres, was etwa 6.000 Quadratmeter sind. Darauf arbeiten im Schnitt vier Personen, erwirtschaftet werden durch Direktvermarktung ganz frischer küchenfertiger Ware über Solidarische Landwirtschaft[61] und Marktstände weit über 100.000 kanadische Dollar jährlich. Damit werden über 200 Menschen mit den wesentlichen Lebensmitteln versorgt, jedoch nur neun Monate im Jahr. Es wird allerdings mit der Fläche ein wenig »gemogelt«, weil auf »La Grelinette« ein Teil des Bodenfutters von einer nahen Hühnerfarm kommt.

Was Fortier in Kanada aufgebaut hat, in einem Winterklima, geht in tropischen Regionen sehr viel leichter. Auf den Philippinen macht die »One Million Peso Farm« Furore: Es werden mit vielfältigem Anbau auf dieser Minifarm etwa 20.000 Euro pro Jahr erwirtschaftet, was ein für die Region unglaublich gutes Ergebnis ist.

Die Familie und die Mitarbeiter von Jean-Martin Fortier haben ein gutes Einkommen bei hoher Lebensqualität mit Altersrücklagen, auch durch die geringen eigenen Lebenshaltungskosten. Es ist wesentlich, wenige Maschinen zu haben und die organische Intensivierung mit immer besserem Humusboden zu erreichen. Eine Bankberaterin, die zu Besuch war, ging wütend vom Platz, weil kein Investment geplant, keine Vergrößerung beabsichtigt war, und die wenigen Geräte kosteten ohnehin kaum etwas. Die Direktvermarktung, das zeigt sich immer wieder, ist ein zentraler Faktor. Dabei kann man nach Jean-Martin Fortier »dem Gemüse ein Gesicht geben«.

Humus füttern:
Professor Rusch und Herwig Pommeresche

Der Humus muss dauerhaft gefüttert werden. Das Bodenleben wird traditionell auch als »Kuh unter der Erde« bezeichnet. Das System liefert mit dem Humusaufbau im Laufe der Zeit immer mehr auch des eigenen »Futters« selber, zu Beginn muss der lebende Anteil des Oberbodens allerdings meist erst einmal aufgebaut werden. Nur ein vitaler Boden kann viel Futter umsetzen.

Herwig Pommeresche in Norwegen bezieht sich auf den oben erwähnten Professor Rusch. Seine erfolgreiche Methode musste ich mir unbedingt vor Ort ansehen; und die lange Fahrt hat sich gelohnt! Herwig ist Permakulturgärtner und hat das jetzt als Neuauflage geplante Buch »Humussphäre«[62] geschrieben. Die Ergebnisse sind sehr beeindruckend: Herwig erntet seit vielen Jahren in Südnorwegen 18 Kilogramm Zwiebeln pro Quadratmeter, wo normalerweise mit agrochemischen wie klassischen ökologischen Methoden zwei bis drei Kilogramm zu erwarten wären. Ähnlich spektakulär gedeihen seine Möhren, die dicht an dicht wachsen und durch den nahrhaften Humus dennoch üppig gedeihen. Erst als Herwig mir das praktisch gezeigt hat, habe ich den wesentlichen Punkt verstanden. Ich habe Herwigs Methode mit einem kurzen Video auf YouTube auch in Englisch zugänglich gemacht – es hat sehr viele Klicks und Empfehlungen bekommen. Später lernte ich den süddeutschen Permakulturlehrer Jochen Koller kennen – er hatte eine ähnliche Idee und eine ausführliche Videoserie in Deutsch erstellt.

Herwig füttert den Humus frisch: Küchenabfälle oder Grünschnitt werden im Mixer grob zerkleinert, durch ein Sieb gegeben, wird guter Flüssigdünger gewonnen. Das Wichtigste ist dabei, nur ganz kurz zu mixen und keinen »Smoothie« zu machen, der den Boden verkleben würde. Das zerkleinerte Material aus dem Sieb wird einmal pro Monat nahe bei den Pflanzen in den Oberboden eingearbeitet und mit Mulch abgedeckt. Die Pflanze kann sich durch Bakterien und Protoplasma aus zerfallenden lebenden Substanzen ernähren. Wie oben erwähnt, ist inzwischen wissenschaftlich belegt, dass Pflanzen sogar lebende Bakterien aufnehmen und sie verdauen können, was »Endocytose der Wurzel« genannt

wird. Herwig füttert über den Winter Humus in Fässern im Keller, was er
»Erdisieren« nennt.

Herwig wohnt zwar in Norwegen, aber nah am Meer, daher hat er ein
eher mildes Klima. Aber sogar im unwirtlichen Alaska kann man mit
dem Füttern des Humus sehr hohe Erträge erreichen. Der Gärtner John
Evans ernährt den Boden und darüber seine Pflanzen mit einer hoch kon-
zentrierten Bakterienmischung. Mit diesem Compost Tea[63] hat er neben
acht Weltrekorden mit Gemüse auch viele nationale Preise gewonnen.

Teil III

Die Praxis
des Neuen Dorfes

»Es ist ein herrlich verrückter – und selbstzerstörerischer
Spleen der Menschen, dass sie sich weit mehr für das sinnlos Triviale
als für das wirklich Neue interessieren.«

Romanheldin Thursday Next zitiert ihren Vater[64]

9

Produktion im Neuen Dorf: hundert Kleinbetriebe!

Was man alles nicht braucht

Die Schaffung von Werten wird »Wertschöpfung« genannt. Die mit weitem Abstand effizienteste Wertschöpfung sind vermiedene Ausgaben. In der Lokalwirtschaft von Neuen Dörfern ist das eine ganz wichtige Basis, um mit überschaubarem Aufwand sehr gut zu leben. In den Planungsprozessen sollte immer wieder eine Ausgabenvermeidungsrunde eingeplant werden. Das heißt aber mitnichten, dass alles möglichst billig gemacht wird. »Billig« kann sehr teuer werden, wie die Ausschreibungspraxis im öffentlichen Dienst mit Zwang zum billigsten Bieter immer wieder zeigt. Der Spruch aus wohlhabenden Kreisen dazu lautet: »Wir sind nicht reich genug, um uns billige Sachen leisten zu können.«

Neben der Ausgabenreduzierung ist es wichtig zu unterscheiden, was im eigenen Dorf, im Gartenring oder in der Gemeinde hergestellt wird und was von außerhalb »eingeführt« werden muss. Ersteres kann in Lokalwährung, Tausch oder als Schenkökonomie abgewickelt werden, Letzteres erfordert meist harte Währung und führt zu einseitigem Geldabfluss. Das kann man sich als Absaugen des Wohlstandes vorstellen, der die ländlichen Räume krank macht. Der kleinräumige Handel nutzt meist allen Menschen der Umgebung. Auf dem Land galt früher: »Ich kaufe bei dir, du kaufst bei mir.« Als die Supermärkte kamen, haben deren ländliche Kunden die Einkäufe vor den lokalen Betrieben verschämt versteckt.

Was braucht man alles nicht? Ein Beispiel: Kein Mensch braucht eine Waschmaschine. Protest? Na klar, auch ich will bequem meine Wäsche sauber bekommen. Warum ich dafür eine teure Maschine haben soll, die alle paar Tage ihre lauten Runden dreht, ist aber nicht klar. Die Alternative im Neuen Dorf ist ein lokaler Wäscheservice, auch mit Abholung und Lieferung. Ein weiterer lokaler Job, dauerhafte Industriewaschmaschinen statt geplanten Verschleißes.[65]

Noch ein paar Beispiele aus meiner persönlichen Überflüssigkeitsstatistik: Die Spülmaschine, die gerade bei mir in der offenen Küche läuft, wird meine letzte sein, ich habe sie als Scheinbequemlichkeit erkannt. Es ist so einfach, die frisch benutzten Sachen schnell abzuwaschen. In WGs ist das Ding aber für den Frieden wichtig, und der ist unbezahlbar.

Die elektrische Zahnbürste ist jetzt schon weg, ein ganz eigenes Auto hatte ich lange Zeit nicht, und im Neuen Dorf wären es unterschiedliche Leihfahrzeuge. Die vielen Bücher hatte ich Jahrzehnte sinnlos in vielen Regalen stehen, sie sind jetzt freigelassen in die Tauschwelt. So wird in meinem zukünftigen Modulhaus an Platz, Geld und Abstauben gespart. Andererseits brauche ich als Wassermensch einen schnellen Segel-Trimaran, den ich aber in der Lokalwirtschaft verleihen kann. Gerade die Dinge, die, von Herzen erlebbar, zu einem guten Leben beitragen, sollten wir uns mit Freude und Freunden gönnen!

Lokale Produktion aufbauen

Etwas hobbymäßig selbst herzustellen kann eine tolle Sache sein. Ich habe allerdings zu vieles selbst gemacht, vom Surfboard bis zum Sechstonner-Wohnmobil. Durch den immer viel höheren Zeitaufwand ist mir die Lust daran allerdings etwas vergangen. Gärtnern und Waldarbeit mag ich dafür heute umso lieber. Dinge selbst zu machen macht aber gerade mit anderen große Freude – die Arbeit zum Beispiel in einer (vielleicht stundenweise angemieteten) gut ausgerüsteten Werkstatt ist ausgesprochen befriedigend, umso mehr, wenn einem jemand gute Tipps gibt und mit anpackt. Die Produktion im Neuen Dorf sollte eher eine professionelle Veranstaltung mit fließenden Übergängen vom Hobby sein. Da es typischerweise ohnehin viel abwechslungsreiche Arbeit gibt, macht das

Selbermachen nur für mich allein nicht so viel Sinn; anders sieht es beim Selbermachen für viele aus – damit ist man bei lokaler Produktion. Es gab in den letzten Jahren einen gewissen Hype um Eigenproduktion, meist aus der verständlichen Faszination für 3-D-Drucker – gerade auf dem Land kann man aber tatsächlich vieles herstellen und weiterverarbeiten.

Organisch-intensive Minifarmen: Frischprodukte

Gemüse- und Obstproduktion, Saatgutvermehrung, Wildsammlung und der schnelle Vertrieb sind wesentlich für die Lieferung von besonders hochwertigen Lebensmitteln und den Erhalt ihrer Vitalenergie. Es geht um das gute Leben für alle, um höchsten Genuss beim Essen. Slow Food macht es vor. Für die Frischprodukte sollte eine große Zahl abwechslungsreicher, gesunder und wohlschmeckender Pflanzen angebaut und viele Wildpflanzen genutzt werden. Es gibt eine ungeheure Vielfalt, und die beste Relation von Aufwand und Nutzen erreicht man oft mit denjenigen Pflanzen, die nicht jährlich neu zu säen, päppeln und gegen Schnecken zu verteidigen sind. Mehrjährige sind großartig, viele schmecken überraschend gut. Das Wiedererlernen der intuitiven Wahrnehmung für das, was uns wirklich guttut, wird so unterstützt.

Zum besonderen Luxus beim Essen gehören Blüten. Mir fällt es in meinem eher kleinen Garten in Hamburg wirklich schwer, die schönen Blüten zu pflücken. Minifarmen mit einer Fülle von Pflanzen sollten möglichst ganzjährig Blüten produzieren, für die Bienen und als Edelprodukt. Geeignete Pflanzen gibt es sehr viele, nicht nur die schön scharfe Kapuzinerkresse. Man kann Dutzende von Blüten essen, vom Gänseblümchen bis zur Rose. In Moorfleet bei Hamburg produziert Tobias Haack auf 2.000 Quadratmeter Gewächshausfläche hauptsächlich Blüten. Er hat sich in über 20 Jahren einen Markt aufgebaut, beliefert sowohl den Hamburger Großmarkt als auch verschiedene Luxusrestaurants. Er weiß zu berichten, dass sich inzwischen etwa die Ringelblume vom Arme-Leute-Essen zum Zeichen gehobener Tischkultur gemausert hat. Da gibt es noch viel Potenzial.

Lokale Produktion aus Getreide, Gemüse, Kräutern und Obst

Ein Gartenringdorf kann eine eigene Bäckerei haben. Jenseits der dumpf machenden Suchtmittel aus Weizenweißmehl gibt es viele gesündere Backwaren. Wer das wissenschaftlich sehr fundierte Buch »Dumm wie Brot«[66] gelesen hat, wird dann vielleicht Warnhinweise für die auf unnatürliche Geneigenschaften gezüchteten Glutenbomben anbringen wollen. Da aber der freie Wille ein sehr hohes Gut ist, ist es besser, auch in der Neudorfbäckerei weiße Brötchen anzubieten. Wer schwer arbeitet, kann sie ohnehin besser vertragen, und es würde hoffentlich auch niemand das Bier verbannen. Gekeimte Getreideprodukte und Kamutbackwaren sind handwerkliche Herausforderungen, für gute Produkte gibt es inzwischen aber etliche gelungene Beispiele.

In Äthiopien habe ich Teff-Urgetreide kennengelernt. Es ist glutenfrei, sättigt anhaltend und schmeckt auch prima. Es gibt ersten Anbau in Holland und Australien, man findet Teff-Mehl inzwischen auch im Bioladen. Bei meinen Projektreisen in Äthiopien hatte ich mit Mitarbeitern der deutschen Entwicklungszusammenarbeit zu tun, die den Äthiopiern das Teff mit seinem geringen Ertrag abgewöhnen sollten. Dass die Menschen dort meist schlank und gesund sind, hatten sie offenbar nicht mit diesem hochwertigen Getreide in Zusammenhang gebracht. Wegen seiner Feinheit kann es nur als Vollkorn genutzt werden. Ich vermittle gerne äthiopische Entwicklungshelfer für Deutschland, die uns die Produktion beibringen können. Zusätzlich habe ich inzwischen in Äthiopien gelernt, dass man durch die Saat in Reihen mit genügend Abstand statt des üblichen flächigen Ausstreuens auch deutlich mehr Ertrag bekommt.

Neben Teff-Urgetreide ist auch der Anbau von Hirse als absolute Hochleistungspflanze eine gute Komponente für Minifarmen. Jürgen Reckin hat in seiner Forschungsstation in Buckow sehr gute Erfolge gehabt, aber der Beiwuchs ist manchmal nicht in den Griff zu bekommen. Er stimmt mir zu, dass in kleinen Systemen mit passenden »Untermietern« Hirse sehr gut angebaut werden kann.

Backwaren in der Nachbarschaft

Nun zur Verarbeitung: Natürlich soll der Backofen der Bäckerei auch ein Gebäude heizen: Morgens wird gebacken, und als Nebeneffekt gibt es ein warmes Gebäude und vielleicht noch ein Thermalbad nebenan. In der Gemeinschaft im Wendland, der ich seit Langem verbunden bin, gab es eine Zeit lang einen Vollkornbiobäcker, bei dem sogar die Süßwaren toll schmeckten. In einer Welt, deren Gesetze der Industrie oft wenig Probleme bereiten, für Kleinbetriebe aber vielfach einen unüberwindbaren Aufwand bedeuten, ging das leider nicht lange gut. Die Einhaltung aller teils durchaus nachvollziehbaren Auflagen war nicht machbar. Der professionelle Umgang mit behördlichen Auflagen muss vor dem Start der Dorfbäckerei eingeplant werden und kann durch Vernetzung mit anderen Betrieben leichter werden.

Rund ums Jahr produzieren

Neben Bäckereien gibt es eine ganze Reihe weiterer kleiner Betriebe zur Weiterverarbeitung der Farmprodukte, auch in Teilzeitarbeit. Ideal sind Trocknung, Einkochen zur Konservenherstellung, milchsaures Einlegen, Saftpressen und Smoothieabfüllung aus den typischen saisonalen Überschüssen der Ernte an Obst-, Gemüse- und Baumprodukten. Es können auch die besonders leckeren Sorten angebaut werden, die nur kurz lagerfähig sind – die Wege zum Verbraucher sind kurz, und die Weiterverarbeitung vermeidet Verluste. Die Produktionsabfälle der Lebensmittel können noch zu einer ganzen Reihe weiterer Waren verarbeitet werden und frisches Tier- und Humusfutter liefern.

In vielen Teilen der Welt wurde die Auswahl an Obst- und Gemüsesorten stark eingeengt: Alles soll zeitgleich reif sein, und die Aufkäufer der Industrie drücken die Preise extrem. Im Gartenringdorf kann die ganze Palette von Sorten von den frühesten bis zu den spätesten (bis hin zu den frosttoleranten) Nutzpflanzen angebaut werden. In Portugal gibt es einen Bauern, der im Januar die früheste und im Dezember die späteste Avocado vom Baum nimmt.

Auch in Mitteleuropa gibt es viele besondere Anbaumöglichkeiten. Gewächshäuser in Verbindung mit Abwärmenutzung und Jahresspeicherung von Solarwärme in Erdmassen oder Aquakulturteichen zum Beispiel könnten die Sortenvielfalt vergrößern. Damit verteilt sich auch der Arbeitsanfall, und es gibt ein ganzjähriges Angebot an Frischprodukten. Gute Anregungen für die Verarbeitung vieler Produkte gibt es in Bill Mollisons dickem »Buch der Fermente« [67] – milchsaure Nahrung bleibt über lange Zeit haltbar und zugleich lebendig.

Bier und Wein – lokal aus lokalen Rohstoffen

Die lokale Alkoholgärung für Biere und Weine bietet sich natürlich an, kleine Brauereien und die private Weinherstellung haben in letzter Zeit deutlich zugenommen. Bei der Bierherstellung ist der Clou, keine Konservierungsmittel verwenden zu müssen. Darüber hinaus kann nach Gunter Paulis Zero-Emissions-Gedanken[68] für jeden Abfall eine weitere Nutzung gefunden werden. Neben dem Bier wird Wurmkompost produziert, die Hühner leben von Würmern und produzieren Eier. Zusätzlich werden Enzyme gewonnen, zum Pils werden Speisepilze auf Produktionsresten gezogen, die auch die holzigen Anteile umsetzen, und es entsteht zusätzlich hochwertiges Tierfutter. Die Bäckerei verwendet einen Anteil Biertreber für ein besonderes Brot.

Viele der Produkte der Weiterverarbeitung von Obst, Gemüse, Nüssen und Pilzen sind allgemein bekannt. Anbau und Nutzung von Esskastanien, einer Buchenart, sollten wegen der hohen Flächenerträge, der besonders hochwertigen Nahrung und der Mehrfachnutzung von Anfang an eingeplant werden. Gute Sorten mit großen Früchten sind natürlich wichtig; die vegetative Vermehrung guter Bäume ist möglich. Soja ist für die Ernährung fragwürdig, es steckt natürlicherweise voller Phytohormone. Eine Ausnahme ist das fermentierte Tempeh, wo diese zersetzt werden. Die gute und auch zur Bodenverbesserung hervorragend geeignete Alternative ist die weiße Süßlupine. Man muss Sorten verwenden, die auf geringe Bitterstoffanteile gezüchtet sind – für diese baut sich gerade erfolgreich ein Markt auf.

Bei den Teesorten möchte ich den Jiagoulan aus China hervorheben, er wächst auch bei uns im Freiland und hat überragende Qualitäten. Ich hatte zwei Pflanzen im Garten, die zwei sehr harte Winter überstanden haben, für professionellen Anbau könnte aber das Gewächshaus geeigneter sein – sie ranken sehr schön hoch. Leider wissen offenbar auch die Schnecken von den Vorteilen.

Der Anbau von Wein ist sogar in Norddeutschland möglich. Peter Konz aus Konz im Konztal (!) an der Mosel hat über Jahrzehnte verschiedenste Weinpflanzen in ganz Europa gesammelt und jene mit den besten Eigenschaften ausgewählt. Aus über 70 Spezies hat er für das Moselgebiet 20 für Biotafelobst im Anbau. Ich habe Peter im Herbst 2015 getroffen und die zehn Sorten bestellt, die auch im Wendland wachsen können. In Nordostdeutschland ist der Anbau von fünf Sorten möglich, die ich bei meinem Lehrer für Nutzpflanzenvielfalt, Dr. Jürgen Reckin, selber kosten durfte. Alle waren so schmackhaft, wie ich es selten erlebt hatte. Das lag sicher auch an dem über viele Jahre besonders gut aufgebauten Humus, da Jürgen neben seiner Terra-Preta-Forschung auch auf die Verfügbarkeit aller Spurenelemente achtet.

Ich hoffe, dass mein begonnener Anbau im Wendland die Beziehungskrise wert sein wird, die die nicht abgesprochene Bestellung von 140 Pflanzen verursacht hatte. Es wurden dann doch nur 85 Pflanzen, und zusätzlich wollten viele Freunde auch welche haben. Bei mir sind bisher etwa 20 Pflanzen im Boden, mit sehr viel Platz für andere dazwischen – es soll eine Polykultur werden.

Die nötige Bodenverbesserung für unseren bisher eher sauren Schluffboden ist mühsam. Wenn wir dann aber jahrelang frische Tafeltrauben, Rosinen und einige Fläschchen Wein produzieren können, nehme ich die Buddelei gerne auf mich.

Produkte respektvoller Tierhaltung

Nun begebe ich mich auf ein Minenfeld emotionaler Polarisierung, auf dem ich vermitteln möchte. Etwa 15 Jahre lang lebte ich vegetarisch und habe dabei durchaus missionarischen Eifer entwickelt. Nach und nach merkte ich, dass mir weder die Lebensweise noch das Missionieren guttaten. Die Tatsache, dass es mir nicht gut ging, hatte mich für einige Jahre eher noch fanatischer gemacht. Neulich habe ich zum aktuellen Veganismus einen dazu passenden Witz gehört: »Woran erkennt man einen Veganer?« – »Er wird es dir in den ersten drei Minuten sagen!«

Wenn der Veganismus zur Zeit meines anfänglichen Vegetarismus schon in Mode gewesen wäre, ich wäre sicher dabei gewesen. Heute esse ich ohne Missionsdrang wenig Fleisch, um meine spirituelle Entwicklung zu erleichtern. Jetzt tut es mir gut, und wenn ich Pflanzen ernte, tue ich dieses auch im Wissen, ein fühlendes Lebewesen zu töten. Aber wo ist die Grenze? Pflanzen nehmen zum Teil lebende Bakterien auf, sind also selber nicht vegetarisch. Der Wald geht kaputt, wenn die Rehe nicht dezimiert werden. Viele Tiere fressen andere Tiere – freilich haben sie meist nicht die Wahl.

Eine Tolerierung unterschiedlicher Lebensweisen – vegetarisch oder vegan – sollte selbstverständlich sein. Umgekehrt fordere ich auch für meine eigenen Ernährungsgewohnheiten Toleranz. Was ich nicht toleriere, sind das Quälen von Tieren und die Vergiftung von Boden und Wasser. Für den Humusaufbau brauchen wir Tiere. Bei ausschließlich veganer Lebensweise auf der Erde würden Milliarden von Tieren keine Lebensgrundlage mehr haben.

Der gegenwärtige Trend in der westlichen Welt zu veganem Leben geht sehr weit. Aus Kreisen ganzheitlicher Ärzte höre ich von ernsthaften Schädigungen bei Kindern veganer Mütter. Ernährung ist eine sehr persönliche Sache, jeder Mensch ist anders und verändert sich auch. Komplette Gras- und Heufütterung ist bei vielen Tieren entscheidend für deren gutes Leben und die Qualität von Milch und Fleisch.

Die Tiere sollen gut leben, alles andere ist indiskutabel. Wenn wir sehr viel mehr Tiere auf der Welt leben lassen, können die degradierten Regionen wieder aufblühen. Mit der oben schon erwähnten kleinräumigen Portionsbeweidung bzw. Rotationsbeweidung nach Allan Savory kann sich schnell mehr Humus bilden. Wenn dazu nach Russell Smith Futter- und Nahrungsbäume angepflanzt werden, geht es noch besser. Ohne Tierhaltung ist der Erhalt der globalen Bodenfruchtbarkeit schwierig, aber beispielsweise mithilfe von Agroforstsystemen auch möglich.

Effiziente art- und bodengerechte Beweidung

Wie man Weidenhaltung mit Nahrungsbäumen kombiniert, auch an schwierigen Standorten, das hat Russell Smith in den USA schon 1923 überzeugend belegt. Der Ökologe Allan Savory aus Simbabwe hat mit jahrzehntelanger Feldforschung herausgefunden, dass Herdentiere sehr schnell Boden aufbauen können. Dafür müssen sie als Herde eng beisammenbleiben und im schnellen Rhythmus von einem oder mehreren Tagen weiterziehen. Daraus hat er sein wissenschaftlich fundiertes Rotationsbeweidungssystem »Holistic Planned Grazing« entwickelt.[69]

Joel Salatin auf seiner Polyface Farm in den USA hat dieses System bestätigt und damit nach einigen Jahren Humusaufbau eine Produktivität von 400 Kuhtagen je Acre (circa 4.000 Quadratmeter) statt den üblichen 80 erreicht.[70] Zusätzlich hat er die Methode erweitert um Hühnermobile, die den Rindern im Drei-Tages-Abstand folgen und dann die sich entwickelnden Rinderparasiten fressen.

Verwertung von Fleisch, Knochen und Haut

Es wird sicher Neue Dörfer geben, die vegetarisches oder veganes Leben vorschreiben. Ich würde da nicht mitmachen, denn daraus kann sich – wenngleich gut gemeint – schnell ein totalitäres System entwickeln.

Die Entwicklung in Freiheit ist die, wenn Menschen freiwillig vegetarisch leben und nicht aus Zwang. Es kann eine Metzgerei geben, aber aus meiner Sicht möglichst keine Schlachterei. Die Tiere sollten in ihrem natürlichen Umfeld und mitten unter den Herdenmitgliedern ohne Panik beispielsweise durch den Schuss mit einer Jagdwaffe getötet werden. Das wird von ihnen selbst und den anderen Herdenmitgliedern recht gleichmütig hingenommen, während die übliche Separierung zu Panik führt.

Neben Fleisch- und Wurstprodukten können natürlich sehr viele weitere Materialien aus den Tieren gewonnen und hergestellt werden. Aus den Häuten kann Leder und aus den Knochen kann Leim produziert werden.

Ökologischer Fischfang, Fischprodukte, Muscheln, Algen

Fischen mit regenerativem Antrieb

Fischerei mit kleinen Booten ist nach der Erholung vieler Flüsse und Seen von den Vergiftungen der frühen Industrialisierung inzwischen wieder möglich. Besonders interessant finde ich die Nutzung von Booten mit einer Kombination aus Muskelkraft und Segel. Ideale Fischereifahrzeuge ohne Verbrennungsmotor, auch als Sportgerät nutzbar und vermietbar, sind die Hobie-Trimarane. Sie haben einen erstaunlich effizienten Tretantrieb, der Fischflossen nachahmt. Wer weniger auf Muskelkraft setzt, kann auch einen Elektromotor mit Solarbatterie nutzen. Auf jeden Fall bleiben bis auf das Steuern die Hände frei zum Fischen, die Geschwindigkeit reicht auch beim Tretantrieb für Blinker aus – das ist aber teils verboten. Durch die Kombination mit dem Segel kann man weitere Strecken und Fahrten gegen die Strömung auch bei Wellengang machen. Die Kombination von Spaß und Arbeit ist charmant.

Die Fischmengen sind naturgemäß jahreszeitlich sehr unterschiedlich und scheinen in den deutschen Flüssen nicht wirklich groß zu sein – Seen hingegen können recht produktiv sein. Der Schlamm in Flüssen kann auch noch für lange Zeit durch giftige Chemikalien belastet sein, daher sollte man auf die Nahrungskette der Beute achten. Für Meeresküsten ist das Fischen von Makroalgen eine interessante Produktionsmöglichkeit für hochwertige Nahrung, sie wird in Südostasien häufig praktiziert.

Solare Warmwasseraquakultur mit Polykulturgemüseanbau

Während Kaltwasserfische oft mehrere Jahre brauchen, um eine essbare Größe zu erreichen, wachsen viele Warmwasserarten bereits in unter neun Monaten zur Schlachtreife. Daher bieten sich für das Neue Dorf solare Warmwasseraquakulturen an. Es gibt einen sehr deutlichen Interessenkonflikt zwischen Besatzdichte und den aktuellen ökologischen Anforderungen für die Ökozertifizierung. Nach üblicher kommerzieller Sichtweise ist meist keine Wirtschaftlichkeit ergeben, was sich aber für kleinräumige extensive Systeme mit Mehrfachnutzen anders darstellt.

Ein Fisch, der nach einigen Monaten bereits zu hochwertiger Nahrung werden kann, benötigt über die Lebenszeit hinweg viel weniger Futter als ein drei Jahre alter Kaltwasserfisch. Ein ganz wesentlicher Punkt ist immer die Möglichkeit der Fütterung mit pflanzlichen Produkten wie Algen und Wasserpflanzen, es gibt aber auch Erfolge mit Erbsen.

Bei Aquakulturen ist die Wasseraufbereitung für den Kreislauf ein entscheidender Punkt, dabei sollen die Gemüsekulturen einen wesentlichen Teil der Reinigungsleistung mit Nährstoffnutzung erbringen. Ein Beispiel dafür gibt es in Oberndorf im Landkreis Cuxhaven an der Nordsee. Die 1.400 Einwohner akzeptierten den Verfall nicht – mit einer Biogas-Abwärme-Aquakultur für Afrikanischen Wels und Wasserreinigung im Bananenanbau im Gewächshaus wurde ein Umschwung eingeläutet.[71]

Auch in Frankreich hat ein kreatives Team ein Gewächshaus mit der Kombination von Fischzucht und vielfältigen Gemüsen entwickelt. Ein besonderer Clou sind die Pflanzschalen, die nach dem Vorziehen vertikal über den Fischbecken aufgehängt werden. Die Gruppe sagt, dass man so auf etwa 20 Quadratmetern fast den ganzen Salat- und Gemüsebedarf für vier Personen erzeugen kann.[72] Das ist sicher etwas hoch gegriffen, dieses System hat aber eine sehr hohe Flächenausnutzung.

Volle Vitalität durch ein Aqua-Hügel-Gewächshaus

Durch viele Diskussionen mit unserem Doktoranden Stefan Hügel hat mein Institut ein Forschungsprojekt für eine ganz besondere Aquakultur begonnen. Es geht um ein passiv und aktiv solar erwärmtes Erdgewächshaus, das auf der Sonnenseite große Fischbecken und auf der anderen einen vielfältig bepflanzten, nun, Hügel hat. Stefan und ich haben eine grundsätzliche Kontroverse: Ich würde dabei die Gemüsekultur in echtem Boden mit viel Humus aufbauen, Hydrokultur ist aus meiner Sicht außer für Wasserpflanzen unnatürlich und widersinnig. Wenn Stefan recht behält, würde ein Teil der Kulturen für den Wasserkreislauf hydroponisch betrieben. Eine großartige Idee von Stefan ist die Umsetzung von fast allen Essens- und Gartenresten in hochwertiges Fischfutter und Pflanzendünger durch Soldatenfliegen,[73] dabei können auch Fleisch- und Fischreste genutzt werden. Das ermöglicht die Versorgung der Fische aus rein lokalen Ressourcen. Stefan wird sein Gewächshaus auch mit der Produktion von Azolla, einer sehr schnell wachsenden Wasserpflanze, noch effektiver machen. Die Eier der Hühner und Enten, die Azolla fressen, werden besonders hochwertig.

Gehirnnahrung lokal produzieren: Azolla und Algen

Bei der Zusammenstellung der wissenschaftlichen Grundlagen zur Ernährung waren wir erschüttert, dass eigentlich so gut wie nichts der oft spektakulären Erkenntnisse bekannt ist. Stefan kennt als Bioverfahrenstechniker die Details der Stoffwechselvorgänge und ist zugleich ein hervorragender Pflanzenkenner. Mit dem Aqua-Hügel-Gewächshaus wollen wir lokal produzierte DHA/EPA-Fettsäuren in der Nahrung ermöglichen. Diese sind unter anderem für die Gehirnfunktion sehr wichtig – stattdessen wird viel über Omega 3 diskutiert, das der Mensch aber kaum umsetzen kann. Stefan hat herausgefunden, dass Azolla besonders viel DHA/EPA produziert, aber auch Algen können das. Für den Hausgebrauch: Hühnern zehn Prozent Leinsaat geben, ansonsten viel Grünfutter; sie schenken uns Eier mit einem erhöhten Anteil des DHA/EPA, das unser Gehirn so dringend braucht.

Die Mikro- oder Makroalgen, die superproduktive Azolla (ähnlich Entengrütze) und andere Wasserpflanzen werden Teil des Aquakultursystems sein. Unter günstigen Bedingungen wachsen diese sehr schnell. Für pflanzliche Fütterung ist Tilapia ein guter Warmwasserfisch, für Fisch- und Fleischreste wäre der gigantische Afrikanische Wels (Catfish) eine Option für Furchtlose. Flusskrebse, Garnelen oder Schnecken sind ebenfalls denkbar. Natürlich sind die entsprechenden Gewerbe der Herstellung von Fischerei- und Aquakulturbedarf eine weitere Einkommensmöglichkeit. Um einen Kundenkreis aufzubauen, muss man das Thema richtig, aber einfach genug vermitteln. Man kann mit solchen sehr hochwertigen Lebensmitteln teure Zusatzstoffe und Medikamente sparen – und weitaus besser und gesünder leben und sogar Demenz vermeiden. Wenn die Nahrung alle erforderlichen Substanzen enthält, kann der Mensch sein volles Potenzial entwickeln.

Produktion und Nutzung von Pilzen

Von den mikroskopisch kleinen bis zu den riesig großen Pilzen – es gibt für sie eine unüberschaubare Zahl von Nutzungsmöglichkeiten. Allein die wenigen marktüblichen essbaren Pilze erlauben die Gründung von Kleinbetrieben. Es sind keine großen Kellergewölbe nötig, man kann in Folienschläuchen die erforderlichen Bedingungen schaffen. Es gibt keinen Mangel an Büchern, Videos und Tipps, sodass ich hier nicht weiter darauf eingehe. Ich möchte nur auf das Büchlein von Chido Govero[74] hinweisen. Sie erzählt ganz offen ihre Geschichte als früh verwaiste und von Verwandten missbrauchte Afrikanerin. Durch Gunter Pauli und seine Organisation ZERI (www.zeri.org) lernte sie mit zwölf Jahren, wie man auf holzigen Resten Speisepilze produzieren kann. Damit konnte sie der Armut entkommen und lokal Nahrung für viele Menschen produzieren. Sie wurde zu einer unermüdlichen Lehrerin für diese Produktion auf kleinstem Raum. Die Aufgabe der Pilze in der Natur ist die Umwandlung holziger Substanzen, die dann zu Humus und Pilzmasse werden. Die Substrate müssen sehr sauber sein, da Pilze alles aufnehmen. Bei den Speisepilzen gibt es zudem einige, die sehr gute Heileigenschaften haben.

Ich fälle zum Waldumbau viele Kiefern, die meist zu Humus werden, um im sandigen Humus aufzubauen. Dabei können Pilze helfen und zusätzlich Nahrung produzieren. Nach dem »Pilzguru« Paul Stamets[75] kann man auf den Stümpfen und abgesägten Stämmen Speisepilze züchten. Mit Nadelhölzern ist das eher unüblich, und es gibt kaum Erfahrungsberichte dazu, sollte aber machbar sein. *Hypholoma capnoides* und *Pleurotus pulmonarius* würden hier infrage kommen. Man braucht einen Bohrer, um Löcher in die Stämme und Stümpfe zu bohren, Impfdübel (Holzstifte mit Mycelium durchwachsen), einen Hammer, um die Dübel in die Löcher zu schlagen, und Bienenwachs zur Versiegelung. Wenn man die gefällten Bäume animpft, kann man über Jahre hinweg mehrmals im Jahr große Mengen Speisepilze ernten.

Ein ganz anderer Tätigkeitsbereich ist die Beseitigung von Umweltverschmutzung mit Pilzen. Da es bei der Übernahme von Grundstücken auch Altlasten geben kann, ist eine echte Reinigung nötig. Dafür können Produkte zum Animpfen von kontaminierten Böden hergestellt werden.

Auf ehemaligen Militärgeländen gibt es oft Schäden durch Diesel, die mit Pilzen entfernt werden können. Man kann mit entsprechenden Versuchen nach geeigneten Wegen suchen. Pilze können auch Schwermetalle aufnehmen, für andere Rückstände der Agrokampfmittel wird es vermutlich auch Wege geben. Ein Beruf mit Zukunft, für den man allerdings Zugang zu einem guten Analyselabor braucht – hier könnte man mit interessierten Hochschulen zusammenarbeiten.

Korbmacher, Flechtmöbelbau, Reetdächer

Die Produktion von Möbeln, Stühlen, Betten bis hin zu Dächern kann mit Schilf, Rattan (in den Tropen), Weidenzweigen und anderen Materialien ohne viel Geldeinsatz aufgebaut werden. Wie so oft ist Fachwissen erforderlich – man kann aber einfach einmal mit einem Zaun anfangen. Das Charmante an der Korbmacherei ist die Flexibilität der Formen, es kann auch sehr fantasievoll gearbeitet werden. Wenn das Möbelstück ausgedient hat und nicht lackiert war, kann es einfach zu Humus werden oder zur Holzkohleproduktion verwendet werden.

Apropos Reetdächer: Auch Gartenringdörfer brauchen eine Feuerwehr, wenn die nächste öffentliche zu weit entfernt ist. Dafür sollten Teiche vorhanden sein, die als Zusatznutzen Löschwasser vorhalten. Die Feuerwehrjobs und lokalen Versicherungen sind unter den Dienstleistungen weiter unten zu finden.

Wasch- und Reinigungsmittel, Öle und Fettnäpfchen

In der Ökobewegung gab es Menschen, die alte Mercedes-Diesel auf Pflanzenöl umstellten und dann aus selbst angebautem Raps ihren Treibstoff pressten. Wer jetzt allerdings schon ein lokales Tankstellennetz als sein Geschäftsmodell sieht, wird beim Blick auf den Flächenbedarf pro Liter schnell auf den Boden der Tatsachen zurückkommen. Bioenergie macht Sinn bei Reststoffen, Mehrfachnutzung und im Zusammenhang mit Holz, besonders in Form der Holzgastechnik. Öle und Fette sind einfach zu wertvoll. In einer Welt mit Milliarden von Menschen sind die für Treibstoff nötigen Mengen nur auf Kosten von Hungertoten zu haben.

Essen für 50 Kinder oder ein Auto fahren – so sollte man sich das realistisch vorstellen. Das scheint bei dem Wahn der industriellen Biodieselfertigung nur wenigen klar zu sein.[76]

Engagierte Biopalmölprojekte mit Pflanzenvielfalt und Produktion für die Nahrungsherstellung können kaum überleben, weil offenbar viele Menschen nur in starren Dogmen denken und nicht erkennen, dass Biopalmöl für die Nahrungsherstellung hocheffizient ist. Palmöl, Kokosöl und besonders Moringaöl (Behenöl) sind interessant für internationale Kooperation und entsprechende Betriebe. Was machen wir aber in Mitteleuropa, nördlich der Olivenregionen? Von Nordskandinavien aus betrachtet, sind wir ja in Mitteleuropa der warme Süden, so gibt es viele Möglichkeiten.

Zukünftige Produzenten haben die Pflanzenwahl und sollten den Blick auf Mehrfachnutzung und die Nützlichkeit in den Pflanzengesellschaften in den Gärtnereien richten. Monokulturen sollten natürlich vermieden werden, im Zweifelsfall wird die Ölpflanze mit den schöneren Blüten gewählt – für die Bienen und die Schönheit, für ergänzenden Ökoblumenverkauf. Zur Auswahl für zahllose Einsatzgebiete: Sonnenblumenöl, Rapsöl, Leinöl, Distelöl, Hanföl, Sojaöl, Traubenkernöl, Brennnesselsamenöl, Maiskeimöl, Weizenkeimöl, Nachtkerzenöl (wenig Öl pro Pflanze!), Walnussöl, Aprikosenkernöl, Schwarzkümmelöl, Haselnussöl, Sanddornkernöl, Sanddornöl, Senföl, Nusseibenöl. Öle und Fette werden als unverzichtbarer Teil der Nahrung immer gebraucht. Letztlich müssen Geschmack und gesundheitliche Eigenschaften überzeugen. Es sollten die Öle angeboten werden, die ein höheres Verhältnis Omega 3 zu Omega 6 haben, wie Lein- und Rapsöl. Sonnenblumen-, Maiskeim- und Distelöl sind für die Ernährung sehr ungünstig. Leinöl wird sehr schnell ranzig und sollte immer frisch gepresst angeboten werden – und das ist eine Stärke der lokalen Produktion mit Direktvertrieb.

Neben all den Speiseölen gibt es noch die ätherischen Öle, mit zusätzlichen Produktmöglichkeiten vom Parfüm bis zum Heilmittel. Bei den tierischen Produkten gibt es Butter, Rindertalg, Schweineschmalz und Fischöl. Fischöl ist für die Ernährung besonders hochwertig, da dieses DHA/EPA enthält. Besonders gut ist Dorschleberöl, das zusätzlich das im Winter so wichtige Vitamin D_3 liefern kann. Wegen der verschmutzten Meere und der Anreicherung im Öl ist eine weitgehende Reinigung erforderlich. Nun ja, das ist eher etwas für das Neue Dorf in Küstennähe – Fischerei im Nebenerwerb ist aber sicher für einige Menschen interessant.

Wenn Öle vorhanden sind, können daraus auch Seifen und viele andere Haushaltschemikalien hergestellt werden. Meine Schwester produziert seit Langem sehr wohlriechende Seifen durch ausgetüftelte Mischungen und die Zugabe echter Parfümöle; man könnte dafür auch Seminare anbieten. Bei den ätherischen Ölen ist der Aufwand teils extrem hoch, besonders bei Rosenöl.[77] Die Produktion der Seifen kann sich an der Erntesaison orientieren, sodass sich die Arbeitsabläufe übers Jahr verteilen.

Mein Institut beschäftigt sich in Zusammenarbeit mit Kollegen im warmen Süden Georgiens mit der lokalen Produktion von Waschmitteln aus Kastanien, alternativ wäre auch Seifenkraut möglich. Letzteres ist besonders gut für die Haut und kann durch zwei Stunden Einweichen von Wurzeln und Blättern bei Erhitzen ohne Kochen gewonnen werden. Neue Dörfer im subtropischen Klima können die Indische Waschnuss anbauen, die besser wäscht. Hier sind nur sehr wenige Beispiele aufgeführt, es gibt sehr viel mehr, und sehr schnell ist man mit einiger Recherche beim Planen von kleinen Produktionsanlagen.

Heilende Kräuter für den Menschen und die Pflanzen

Heilpflanzenanbau

Heilpflanzen, die lokal auf gutem Boden wachsen und frisch geerntet werden, sind natürlich oft sehr viel wirksamer als die synthetische Nachbildung isolierter Bestandteile. Dieser Produktionszweig ist sehr lohnend, es gibt trotz kaum existenter Forschung ein immenses Wissen. Kräutermedizin hat ein enormes Potenzial. Durch Testverfahren wie Biofeedback oder die kinesiologische Regulationsdiagnostik nach Dr. Dietrich Klinghardt[78] mit entsprechenden komplexen Vortests können gute Therapeuten die erforderliche Pflanze oder Mischungen davon sehr genau bestimmen. Dabei können auch Kombinationen und homöopathische Verdünnungsreihen inklusive der sehr spannenden Bereiche unterhalb der Potenz D1 einbezogen werden. Wer Kräutermittel herstellt, sollte eng mit diesen Ärzten und Therapeuten zusammenarbeiten. Durch das Testen gibt es schon jetzt ein enormes Wissen, und die Weiterentwicklung kann direkt vor Ort erfolgen.

In Gartenringdörfern sollte es immer eine »weise Frau« geben, die einen besonders gut sortierten Heilpflanzengarten mit einem rundum gut versorgten Boden hat. Das alte und neue Wissen kann mit weiteren bewährten Heilverfahren kombiniert werden. Wenn dann noch für Notfallmedizin, Zahnbehandlung und Chirurgie in der Gegend gesorgt ist, wird es noch weniger Abfluss von Kaufkraft und weniger Fahraufwand geben. Da die Universitäten – mit wenigen Ausnahmen wie der Universität Rostock – in Forschung und Lehre die Pflanzenheilkunde immer noch ignorieren, sollten Personen mit Heilpflanzengärten auch Ausbildungen anbieten. Sicheres Wissen und Erfahrung sind wichtiger als Titel, auf jeden Fall ist der medizinische Bereich aber ein juristisches Minenfeld, und es ist wichtig, auch die nötigen Lizenzen zu haben und amtliche Anforderungen zu beachten.

Naturverträglicher Pflanzenschutz

In der biologischen Landwirtschaft gibt es eine Reihe pflanzlicher Stoffe für den Pflanzenschutz. In der biodynamischen Methode wird auch für Pflanze und Boden die Potenzierung wie in der Homöopathie eingesetzt. Die ökologische Landwirtschaft geht davon aus, dass »Krankheiten« von Pflanzen einfach ein Hinweis auf die fehlende Balance, auf den falschen Standort oder eine Konsequenz der unnatürlichen Monokulturen sind. Wenn in einem gesunden Ökosystem Schädlinge auftreten, sind meist schnell die Nützlinge zur Stelle. Wenn zu schnell interveniert wird, selbst mit biologischen Mitteln, stört man das natürliche Gleichgewicht. In diesem Sinne kann an der richtigen Stelle zum richtigen Zeitpunkt mit der richtigen Intention und Intuition auch biologischer Pflanzenschutz eingesetzt werden.

Die Produktion solcher pflanzlichen Pflanzenschutzmittel bietet viele Möglichkeiten für Kleinbetriebe. Rainfarn zum Beispiel wächst überall auch auf Brachflächen und an Wegrändern. Er ist nicht essbar, sieht aber schön aus und enthält starke Alkaloide, die Plagegeistern wie der Weißen

Fliege und der Blattlaus gar nicht schmecken. So kann diese anspruchslose Pflanze die Basis für einige wirksame Produkte werden. Praxisgerechte Anregungen geben beispielsweise Stephanie Tourles[79] sowie Otto Schmidt und Silvia Henggeler[80]. Das Potenzial ist riesig, besonders wenn auch die Potenzierungen einbezogen werden.

So wie bei mir der Rainfarn von selber wächst, gedeihen auf anderen Geländen andere Pflanzen. Wald oder ein Waldgarten kann die Auswahl deutlich erweitern; was ohnehin wächst, bietet sich im wahrsten Sinne des Wortes an. Pflanzen wie das Jakobskreuzkraut oder in den Alpen der hochgiftige Weiße Germer, die mit viel Aufwand entfernt werden, wären geeignete Kandidaten für Produkte. Dann gäbe es für die Sammlung einen Doppelnutzen.

Der Pilzforscher Paul Stamets hat neben den an anderer Stelle angesprochenen Kultivierungstechniken auch Produkte für den biologischen Pflanzenschutz entwickelt. In einem Patent hat er Erfindungen für Insektenlockstoffe aus Vorstufen der Sporenbildung bestimmter Pilze beschrieben. Diese können zusammen mit natürlichen Mycopestiziden eingesetzt werden. Die Produkte können durch Trocknen, Gefriertrocknen oder in gekühlten Packungen hergestellt werden. Es sollte, wie gesagt, immer ein gesundes Gesamtsystem mit Selbstregulation angestrebt werden. Leider gibt es aber Situationen, wo ohne direkte Intervention die lange gepflegten Pflanzungen durch besondere Belastungssituationen oder widrige Wetterverhältnisse zerstört würden. In einem solchen Fall ist es wichtig, auch mit naturverträglichen Mitteln eingreifen zu können – das Ökosystem kann dann wieder in die Selbstregulation gelangen.

Bäume und Baumprodukte

Für Gartenringdörfer sollte die Auswahl und Pflege besonders nützlicher Bäume gleich zu Anfang langfristig geplant werden. Hochwertige Nahrungsbäume brauchen oft viel Platz, um gute Erträge zu bringen. Die Kombination mit Weideflächen oder anderem Grünland sowie Schattenpflanzen bietet sich an. Es gibt eine große Zahl an Baumarten, die neben Holz auch Futter produzieren; vielfältige Anregungen findet man im oben bereits erwähnten Buch »Tree Crops« von Russel Smith.

Die Verbreitung von Walnussbäumen ist eine der Aufgaben der roten Eichhörnchen. Offensichtlich haben sie die Weitsicht, mit ihrer Grabetätigkeit die Nahrungsbasis kommender Generationen zu erweitern. Leider fehlt den Tieren oft die Gabe der guten Standortwahl, was sie durch massenhaftes Säen ausgleichen. Im Herbst sammle ich gut gedeihende Baumsamen an chancenlosen Orten und grabe sie an guten Standorten in den Boden. Ich bin sozusagen Kooperationspartner der Eichhörnchen und sorge mit ihnen zusammen für die weitere Entwicklung vieler Walnussbäume. Die Pflegen von Walnusssämlingen besteht einfach im gelegentlichen Wässern und Freischneiden. Das Versetzen von Bäumen ist problemlos.

Die Walnusssämlinge sind Tiefwurzler, deshalb sollten sie beim Versetzen tief ausgehoben werden. Der »Nachhaltigkeitserfinder« Hans Carl von Carlowitz schrieb 1713, dass daumendick umgepflanzte Bäume sogar bessere Früchte brächten. Ich habe inzwischen sicher über 100 Walnussbäumchen umgepflanzt, die fast alle gut angewachsen sind. Bei Walnussbäumen bringen die Sämlinge oft auch gute Früchte.

Als ich selber mit der Verbreitung von Esskastanien anfing, war ich zunächst frustriert, es ist sehr viel schwieriger als bei Walnussbäumen. Das enorme Potenzial als Grundnahrungsmittel wird an der Bezeichnung »Brotbaum« deutlich. Esskastanien (Maronen) gehören zur Familie der Buchengewächse. Sämlinge bringen oft nur sehr kleine Früchte. Sicher und gut tragende Esskastanien bekommt man in veredelter Form. Man sollte nur junge Pflanzen umsetzen – bei ihnen wird die noch kleine Pfahlwurzel nicht so leicht beschädigt.

Wer an klimatisch geeigneten Esskastanien interessiert ist, kann sich an Hendrik Gaede (www.wipfelwerk.de) wenden. Hendrik sammelt und vermehrt alte Edelkastaniensorten und sucht in Mittel- und Norddeutschland nach solchen, die gute Früchte tragen, um diese weiterzuverbreiten. Sie sollten einen festen Platz auf Streuobstwiesen und in Hausgärten bekommen. Hendrik nennt einen Pflanzabstand von 30 mal 30 Metern bei reinen europäischen Edelkastanien, was etwa neun Bäumen pro Hektar entspricht. Glücklicherweise kann die Fläche natürlich als Weide genutzt werden, auch Kombinationen mit schattentolerierenden Nutzpflanzen sind denkbar. Für Minifarmen ist es zudem möglich, mehrere Sorten in einen Baum auf verschiedene Äste zu veredeln, um die Bestäubung auch auf kleinem Raum zu gewährleisten.

Für subtropisches und tropisches Klima eignen sich Moringa-Bäume mit ihrer großen Produktion an Nahrung, ihrer Trockentoleranz und der Erosionsvermeidung ganz besonders. Die Blätter sind frisch, gekocht oder getrocknet hochwertige Nahrung, und die Samen können Öl und ein Mittel zur effizienten Wasserbehandlung produzieren. Die Blätter mit höherer Qualität als Spinat oder Mangold können für die lokale frische Verwendung für wenige Cent pro Kilo hergestellt werden. Mein Institut betreibt ein kleines Forschungsprojekt über die Mehrfachnutzung des Pressrückstandes, beispielsweise zur Wasser- und Abwasserbehandlung (Fällmittel etc.).

Ein weiteres Geschenk der Natur an Menschen und Tiere ist die Sibirische Zeder (Zirbe, Zirbelkiefer, im Gegensatz zur Alpenzirbe hat diese Früchte wie Pinienkerne). Dieser Baum ist nach meiner Erfahrung auch nicht so leicht zu vermehren, sogar ein recht großer wurde in meinem Waldstück von den Rehen halb abgefressen. Ich hatte das Schutzgitter zu früh entfernt; diese Bäume haben auf Tiere eine besonders große Anziehungskraft. Samen aus frischen Zedernüssen brauchen Frost, um zu keimen. Die Wurzeln auch der kleinen Sämlinge werden schnell sehr lang, die Pflanzen müssen gut geschützt werden. Natürlich sollten auch Pinien gepflanzt werden, die im jeweiligen Klima ins Ökosystem passen und bei entsprechenden Sorten viele gute Früchte produzieren können.

Auf meiner Liste von Bäumen und Produkten stehen außerdem Haselbaum, Ahornsirup, Birkensaft, Produkte aus Blättern, Baumzucker (Xylit), ätherische Öle, Harze und natürlich die Produkte mit Heilwirkung wie das Lärchenharz, das von Thoma und Moser[81] beschrieben wird. da gibt es auch noch viel zu entdecken.

Holz, Bauholz, Bretter, Möbel

Ein wesentlicher Ansatz der lokalen Wirtschaft ist die weitgehende Produktion mit Rohstoffen aus dem näheren Umfeld. Bei Holz und Holzprodukten bietet sich die ganze Kette von einer ökologischen und vielfältigen Forstwirtschaft bis hin zur Balken- und Brettproduktion an.

Die Holzqualität ist vom richtigen Zeitpunkt des Fällens abhängig, was im Erfahrungswissen vieler Kulturen in aller Welt bekannt und inzwischen auch wissenschaftlich sehr gut abgesichert ist. Der Einschlag für Bau- und Möbelholz soll im Winter in den Tagen vor Neumond erfolgen, wie es in den Büchern von Erwin Thoma und den Studien von Professor Zürcher von der ETH Zürich in der Schweiz beschrieben wird.[82] Mobile Sägewerke sind ohnehin üblich, sodass keine großen Investitionen nötig sind, sondern einfach lokale Zusammenarbeit. Es ist gut, das Holz an Standorten mit Netzstromanschluss zu sägen, wo aber auch die mögliche Lärmbelastung berücksichtigt werden sollte. Dünne, feine Sägeblätter verringern den Verlust und ergeben recht glatte Schnittflächen. Das Sägen dauert, besonders in den Mengen, die für Vollholzhäuser nötig sind. Die natürliche Trocknung spart Energie und erzeugt Holz, bei dem die mögliche Nahrung für Schädlinge über die Zeit abgebaut wird.

Das übergeordnete Prinzip sollte die Verwendung von natürlichem Holz ohne Kleber und giftigen Holzschutz sein. Beim Kauf von Holz für mein eigenes Modulhaus aus Vollholz war ich mit dem Förster im Wald. Ich war tief beeindruckt von der Größe der erforderlichen Bäume und der langen Zeit, die diese gewachsen waren. Durch die vorbildliche Waldbewirtschaftung der Gräflich Bernstorff'schen Forstverwaltung in Gartow im Wendland sind aber die neuen Bäume durch Naturverjüngung schon da – das Licht der entstehenden Lücken lässt sie jetzt durchstarten. Die gewaltige zeitliche Dimension des Wachsens möchte ich durch ein Haus würdigen, das viele Hundert Jahre nutzbar sein soll.

Tischlereien mit eigener Produktion von Vollholzmöbeln gibt es kaum noch. Die globale Wirtschaft hat die Möbelproduktion industrialisiert, und die bekannten Megaläden sind voll von Spanholz-Plastik-Mix, einer Vorstufe des Sondermülls. Gartenringdörfer haben eine Chance, das Handwerk neu zu beleben. Die Farben für die Möbel aus natürlichen Substanzen können ebenfalls im Umfeld erzeugt werden. Eine interessante Entwicklung ist die traditionelle handwerkliche oder kunsthandwerkliche Produktion mit frischem Holz, das leichter zu verarbeiten ist. Diese wird in England als »Green Wood Craft« (Ben Law) neu entdeckt und weiterentwickelt. Sie könnte gut mit dem Drechseln kombiniert werden.

Beton ohne Zement, Steine ohne Brennen

Lokale »Zement«-Produktion

Was würden Sie tun, wenn ein Sack Zement 10.000 Euro kosten würde? Wenn zugleich das Nötigste zum Leben fehlt? In den Ländern Afrikas ist für die meisten Menschen ein Sack Zement so teuer, dass sie sich nur sehr selten einen leisten können. Für die Lokalwirtschaft im Neuen Dorf muss Zement ebenfalls als teure Importware gesehen werden.

Dem zukünftigen lokalen Produzenten fällt auf, dass es immer noch erstaunlich gut erhaltene römische Bauwerke gibt. Die Römer fügten dem gewöhnlichen Baukalk sogenannte Puzulane bei. Diese führen in Verbindung mit dem oft lokal produzierbaren Kalk zu zementähnlichen Strukturen. Puzulane wiederum können aus vulkanischen Glasgesteinen gewonnen werden. Ansonsten sind natürlich die richtige Mischung und eine optimale Aushärtung wichtig. Gerade Luftkalk erhärtet oft in Jahrzehnten nicht richtig.

Lehmziegelmassivhaus statt Strohballenbau

Mit luftgetrockneten Lehm-Stroh-Ziegeln kann man kostengünstig und wirklich ökologisch bauen. Momentan sind zwar Strohballenhäuser sehr in Mode, Lehmziegel besonders mit Hanfstroh sind aber aus der Sicht vieler erfahrener Fachleute einfacher zu verbauen und voraussichtlich sehr viel dauerhafter. Die Materialgewinnung wird idealerweise kombiniert mit der Schaffung von Naturkellern und Aquakultur-/Bade-/Regenwasserteichen.

Die richtigen Anteile der Bodenbestandteile Sand, Schluff (oft als Lehm bezeichnet) und Ton ist absolut entscheidend für den Lehmbau. Beim Tonanteil kommt es sowohl für die Pflanzen als auch für den Lehmbau besonders auf den besonders feinen Montmorillionit-Anteil an. Das ist der Teil, der sich, in Wasser eingerührt, auch nach einem Tag noch nicht abgesetzt hat. Ich habe das vom Lehmbaupionier Marius Bierig gelernt, der Inhaber der Firma Pro-Lehm bei Glücksburg ist. Er hat viele Jahre in Äthiopien und Deutschland verschiedene Lehmbautechniken angewendet und weiterentwickelt. Eine gute Ton-Schluff-Sand-Mischung sollte nach Marius aus zehn bis 20 Prozent Ton, 20 bis 30 Prozent Schluff und dem verbleibenden Anteil Sand bestehen. Damit könnte man dann mit luftgetrockneten Ziegeln bis zu 100 Meter hoch bauen! Marius empfiehlt wegen des sehr unterschiedlichen »Arbeitens«[83] von Lehm und Holz in Massivlehm mit handgestrichenen Steinen zu bauen. Gepresste Lehmsteine haben deutlich schlechtere Eigenschaften und sind zudem schwerer herstellbar.

Ich war mit einer Studentengruppe bei Marius Bierig, um mehr über die neuesten Entwicklungen und den Bau seines Holzgaskochers Noah-Stove zu erfahren – wir planen eine Zusammenarbeit auch in Äthiopien. Damit kann dann der Lehmofen zusätzlich für Energieeffizienz und Bodenverbesserung nach dem Terra-Preta-Prinzip sorgen. Aus Lehm kann man vieles bauen.

Ökomodulhäuser, Wege, Gewächshäuser

Für die Baukultur und die Angebote der Gartenringbaufirmen empfehle ich, vom Üblichen abzuweichen. Bezahlbarer Wohnraum ist für die meisten Menschen der Welt eine Grundvoraussetzung für ein gutes Leben. Deshalb gehören kostengünstige Häuser, die zugleich ökologisch sind und einen sehr niedrigen Energieverbrauch haben, zum Konzept der Gartenringdörfer. An meinem Institut an der TU Hamburg wurden Grundkonzepte von Modulhäusern entwickelt, die wir im Internet kostenlos zur Verfügung stellen werden. Die kleinste Einheit ist ein Haus von 36 Quadratmeter Innengrundfläche, die dann auf über 100 und 200 Quadratmeter und mit zusätzlichem Wintergarten auf etwa 260 Quadratmeter erweiterbar sind.

Die Module können mit eigenen Eingängen genutzt werden, sodass auch Mehrgenerationenkonzepte, Selbstständigkeit für ältere Kinder, Altenwohnungen, Hausgemeinschaften und Untervermietung leicht realisierbar sind. Durch Schraubfundamente ist ein Bauen ohne Betonfundamente, prinzipiell auch der Umzug des kompletten Hauses an einen anderen Standort möglich. Tatsächlich beweglich sind vorgefertigte Häuser. Die Firma Thoma baut mit einem Vollholzsystem auch die »Mobilie« – man kann komplette Hausmodule aus leimfreiem Mond-

Abbildung 3:
Einstiegsmodulhaus als Teil einer Minifarm
(Zeichnung des Autors)

phasenholz in zwei Teilen anliefern lassen. Dann ist auch ein »Umzug«
des Hauses möglich.

Wenn ich erzähle, dass ich gerade ein Haus mit 36 Quadratmeter
Wohnfläche baue, gibt es ungläubiges Staunen. Bei den Ansprüchen an
die Hausgröße sehe ich eine absurde Diskrepanz zwischen dem, was die
Menschen wollen, und dem, was sie bezahlen können oder wollen. Ein
Kredit für ein großes Haus mit Grundstück bindet einen für Jahrzehnte
an eine Bank – und es gibt keine Garantie, dass währenddessen die Zin-
sen niedrig, die Währung stabil bleibt. Häuser sollten im Neuen Dorf
möglichst ohne Bankkredit gebaut werden. Die modulare Bauweise
erlaubt es, klein anzufangen und später zu erweitern.

Ein kleines Haus bracht weniger Baumaterial, weniger Energie, weniger Unterhalt, weniger Platz. Mein Haus steht auf einem sehr großen
Permakulturgelände, es ist viel Platz außen herum. Mit der großen Ter-

rasse habe ich dann schon 50 Quadratmeter DIN-Wohnfläche. Mit dem geplanten Gewächshaus kommt eine Sofaecke dazu, die fast ganzjährig nutzbar ist. Bei gutem Wetter lebt man ohnehin draußen, eine Außenküche ist leicht machbar. In Abbildung 3 ist meine Illustration für ein solches Haus zu sehen.

Bei großen Grundstücken ist der Bau von Straßen und Wegen sehr teuer. Von daher wird es wichtig sein, den fachlich richtigen Bau von wassergebundenen[84] Wegen anzubieten.

Wagen-, Boots- und Werkzeugbau

Alte Handwerkskunst geht zum Glück nicht ganz verloren. Es gibt Menschen, die solche Techniken lernen und weiterentwickeln. Hochwertige Luxusprodukte wie handgemachte Boote sind als Nischenprodukte durchaus verfügbar. Wagenbau (auch Stellmacherei genannt) und Fassbau sind für die lokale Wirtschaft interessante Branchen, wenn sie speziell für Minifarmen sinnvolle Geräte herstellen.

Handwerkliche Metallwerkstätten gibt es in Mitteleuropa hauptsächlich noch in Museen, sie sind aber für den voraussichtlichen Bedarf in Gartenringdörfern sinnvoll. Dabei muss nicht jedes Dorf eine Gießerei haben, es kann aber in einem Gartenring Spezialbetriebe geben, die für einen größeren Bereich arbeiten. Da nach dem Konzept der Vielfalt nicht so viele Vollzeitarbeitsplätze entstehen sollen, ist der Einstieg leichter. In diesem Arbeitsfeld kann die Qualität der erforderlichen Metalle ein Problem werden, da minderwertige, kurzlebige Industrieware auch die Altmetallhalden dominiert. Eine lokale Wirtschaft kann sich keine kurzlebigen Produkte leisten, hochwertige Legierung und Verarbeitung müssen erlernt werden.

Maschinenbau, Fahrzeugbau, Elektrokleintraktoren

Open Source Ecology

Die »Open Source Ecology« hat sich die modellhafte Entwicklung und Herstellung robuster und einfacher Geräte auf die Fahnen geschrieben. Es wurden jede Menge Open-Source-Baupläne erstellt. Diese sind zum großen Teil durch tatsächliche Produktion und Tests abgesichert. Die Palette geht bis hin zu lokalem Traktorbau und einem Mikrohaus![85]

Es ist sehr viel einfacher, Fahrzeuge mit Elektroantrieb lokal herzustellen, da der Anteil »Motor« sehr viel kleiner ist. Es gibt bereits einige gute Entwicklungen für Minifarmen, die die Arbeit sehr effizient machen können. Hier sollte von Anfang an auf Mehrfachnutzung und Verwendung einiger weniger robuster und reparierbarer Motoren geachtet werden.

Elektroschubkarre und Bicitractor

Ein Beispiel für ein schönes Produkt ist schon auf dem Markt: die Schubkarre mit Geländereifen und Elektroantrieb – mit etlichen Anbaugeräten und einem Holztransportaufsatz. Für Kleinbetriebe sind Geräte gut, die nicht auch den Menschen tragen müssen. Besonders in hügeligem Gelände kann man damit bei geringer Bodenbelastung Quälerei vermeiden. Für ebenes Gelände gibt es den vierrädrigen Bicitractor, der Trittspuren vermeiden kann, aber immer in der gleichen Spur fahren sollte. So ein Gerät ist multifunktional und ideal für den pfluglosen Gartenbau. Man könnte zusätzlich noch mit einer Pedalwinde vom Rand der Beete aus helfen und das Gerät auf Schienen setzen.

Im Neuen Dorf können sinnvolle Geräte gemeinschaftlich genutzt werden. Die maßvolle und geräuscharme Mechanisierung ist daher eine kostengünstige Option und kann krumme Rücken vermeiden. Ich selber bin am Schreibtisch gerne für komplette Handarbeit; da ich aber auch selber Gartenbau und Waldarbeit auf einer größeren Fläche betreibe, sehe ich das pragmatischer. Bei überwiegender Büroarbeit ist ein Fahrrad eine gute Abwechslung, wenn man aber einige Stunden Gartenarbeit hinter sich hat, freut man sich über den kleinen Elektromotor.

Lastenfahrrad lokal produziert

Eine genial einfache Konstruktion für ganz verschiedene Lastenfahr-
räder hat mir Till Wolfer im Winter 2016 in Hamburg gezeigt.[86] Für
Transporte im Umkreis von vielleicht 30 Kilometern kann man mit den
lokal produzierten Lastenfahrrädern mit optionaler Elektrohilfe bis zu
250 Kilogramm transportieren. Die Produktionsanlage für über 100 Las-
tenräder (weit überwiegend mit Elekro- und Tretantrieb) pro Jahr hat
eine übersichtliche Größe und beschäftigt drei Leute.

Kunststoffprodukte

Kunststoffe sind als Abfall in solchen Massen in der Welt, dass sie nur
dann verschwinden werden, wenn sie eine tolle Ressource darstellen. Das
Elend liegt in der Mischung ganz unterschiedlicher Materialien; Kunst-
stoffe als Abfall sind selten sortenrein und ohne Weichmacher verfügbar.
Aber auch die Nutzung dieser Mischmaterialien kann von ganz mutigen
Menschen angepackt werden.

Einfacher ist indes der Aufbau einer auf reinem Polyethylen (PE)[87]
aufgebauten lokalen Produktion, die nach der Lebenszeit eine hochwertige Weiternutzung der Produkte ermöglicht. Zusätzlich kann man mit
Rotationsformen auch im kleinen Maßstab und bei überschaubaren
Stückzahlen komplexe Teile herstellen. Beispiele wären Wasserbehälter,
Gewächshausteile, Teile von Werkzeugen und vieles mehr. Solche Ansätze
können die Spezialität einiger Gartenringdörfer werden, da der Maßstab
nicht für ein Einzeldorf taugt.

Lokale und autarke
Energie- und Kommunikationssysteme

Energie – im Neuen Dorf wird sie durch Aktiv- und Passivsolaranlagen,
Windenergie in akzeptablem Maßstab, Holzgaskocher, »Rocket Stove«-
Heizkocher und Holzgaskamine mit Holzkohleproduktion zur Bodenverbesserung als Terra Preta gewonnen. Bei allen Energiesystemen müssen
die Auswirkungen auf allen Ebenen berücksichtigt werden. Eine Wind-

energieanlage im Raum Kassel auf der Nerzfarm eines Energiefreaks führte zu sehr vielen Totgeburten bei den Tieren – man versteht bisher nicht, warum.

Im Gegensatz zur dezentralen Wärmeenergie sollten autarke Stromsysteme im Dorfmaßstab verbunden werden, dazu gibt es bereits leistungsfähige Gleichstromnetze. Wenn diese in Form von Koaxialkabeln als eine dicke Leitung mit dem zweiten Pol um die Mittelleitung herum aufgebaut werden, kann auch ein lokales Kommunikationsnetz darauf aufgebaut werden. Die Abschirmung vermeidet Störungen im Netz, aber auch Störfrequenzen für Mensch, Tier und Pflanzen. Durch Steckdosen an den Beeten kann man batteriefreie Elektrogeräte betreiben. Schnelles Internet, Dorftelefon und viele andere Funktionen sind denkbar, die Einbindung in überregionale Netze wird je nach örtlichen Bedingungen vorgenommen. Ein Gartenring kann damit eine interne Vernetzung ohne den Mobilfunk mit seinen massiven Belastungen unserer feinen Körperfunktionen ermöglichen. Dazu kann auch das Telefonieren bei der Gartenarbeit mit freien Händen durch Headsets ermöglicht werden.

Im Sinne der Lokalproduktion ist die Nutzung der guten alten Bleibatterien denkbar. Diese könnten in kleineren Betrieben hergestellt werden, die ökologischen Fragen zur Produktion sind lösbar. Die älteste Bleibatterie arbeitet seit über 100 Jahren mit noch fast 100 Prozent Leistung, hat Millionen von Ladezyklen erlebt. Das höhere Gewicht im Vergleich zu modernen Batterien ist für die Installation in Häusern nicht erheblich. Nach Bruch oder Versagen muss die Neuerstellung aber verlustfrei mit den vorhandenen Materialien möglich sein. Andererseits können die Batterien von Fahrzeugen und Geräten bei Stillstand derselben auch im lokalen Netz eingebunden werden.

Weitere Kleinbetriebe:
von Abwasseranlagen bis Zahnbürsten

Konventionelle Abwassersysteme sind nicht zukunftstauglich

Zentrale Abwassersysteme sind im ländlichen Raum oft gewaltige Kostentreiber. Zugleich sind die üblichen Systeme vom Grundprinzip her nicht nachhaltig. Wegen der Vermischung von Exkrementen mit dem restlichen Abwasser sind sie Ressourcenverschwender und trotz der Reinigung in Kläranlagen für eine erhebliche Gewässerverschmutzung verantwortlich. Der Nahrungskreislauf des Menschen ist gebrochen, die wertvollen Nährstoffe werden zum größten Teil aufwendig vernichtet oder ins Meer verlagert. Diese Erkenntnis konnte ich zusammen mit einer Handvoll Kollegen in aller Welt zum Allgemeinwissen in meinem ursprünglichen Fach, der Siedlungswasserwirtschaft, machen. Es war für mich eine wichtige Erfahrung, dass wir mit nur wenigen Menschen gegen massive Widerstände, doch mit den besseren Argumenten durchdringen konnten. Wenn es in Zukunft eine seriöse Politik für eine gute Zukunft für alle geben sollte, ist alles bereit.

Dezentrale Abwassersysteme von Kleinunternehmen

Es gibt inzwischen viele Alternativen, die von meinem Institut und anderen, anfangs besonders in Schweden, entwickelt wurden. Die Toilette sollte Teil einer Dünger- und Bodensubtratproduktion sein. Das restliche Abwasser sollte schadlos wieder zu wirklich sauberem Wasser auch ohne Mikroschadstoffe werden; das ist nur durch natürliche Haushaltschemikalien und wasserverträgliche Heilmittel möglich. Dezentrale Abwassersysteme können kostengünstig sein und zur Bodenverbesserung beitragen. Sie können damit zu lokaler Wertschöpfung beitragen, statt hohe Kosten zu verursachen. Diese Anlagen müssen geplant, gebaut und gewartet werden, sodass auch damit schon ein Kleinbetrieb pro Dorf aufgebaut werden kann. Aus meiner Sicht sind die Systeme der »Terra Preta Sanitation« besonders interessant, weil damit im Zusammenspiel mit Holzgasenergiesystemen (Kocher, Kamine und Holzverstromung) erhebliche Mengen hochfruchtbarer Komposte hergestellt werden können.

Lokale Wasserversorgung von Kleinunternehmen

Ein weiteres Thema ist die lokale Wasserversorgung, die auch wegen der im Gemüsebau oft nötigen Bewässerung wichtig ist. Die frühzeitige Abstimmung mit den Behörden ist unerlässlich, die Genehmigungen für dezentrale Anlagen sind aber inzwischen bei guter Planung und dem Nachweis professioneller Wartung leichter zu bekommen.

Eine eigene Wasserversorgung ist wichtig. Neben den Abwasseranlagen ist die lokale Wasserversorgung eigentlich recht einfach, aber nur bei sauberem Grundwasser mit genug Neubildung auch für den Bewässerungsbedarf in Gartenbaubetrieben. Brunnen- und Pumpenbau, Wasseranlagen, Regenwassernutzung und Drainage sind gute Bereiche für Kleinbetriebe. Wenn das genutzte Wasser mit Pestiziden oder Pharmazeutika belastet ist, wird die Aufbereitung ein zentrales Thema. Es gibt inzwischen sehr feine Filter, Membranen genannt, die im kleinen Maßstab einen hohen Reinigungsgrad erreichen können. Bei der Herstellung von Holzkohle kann auch ein Teil Aktivkohle durch Nachbrennen bei sehr hohen Temperaturen mit Sauerstoffüberschuss produziert werden – diese ist auch für die Wasserreinigung geeignet und kann später zur Energiegewinnung und Schadstoffvernichtung verbrannt werden. Zusätzlich gehört die Vitalisierung des Wassers dazu, falls es sich nicht um direkt entnommenes Quellwasser handelt.

Schuhe und Textilien

Der Aufbau von Boden- und Kultursubstraten ist für die Gärtnereigenossenschaften in Gartenringdörfern gerade zu Beginn ein wesentliches Thema. Er kann durch Bodenverbesserung und Holzproduktion durch Niederwald oder ökologische Kurzumtriebsplantagen unterstützt werden; dazu gehört wesentlich auch die Versorgung mit Steinmehl, das alle über 80 Spurenelemente enthält.[88] Für Bodensubstrate werden oft hohe Preise bezahlt, intern können sie einen sehr guten Tauschwert darstellen. Es darf aber nur die Zusatzproduktion an Bodensubstraten bei hohem Humusgehalt entnommen werden, sonst wird Raubbau betrieben.

Wie bewegen wir uns auf der Erde? Über 70 Prozent aller Schuhe der Welt werden heute in Ostasien hergestellt, das Waschen des für den Transport in Südamerika konservierten Leders führt in Südindien zur Vergiftung von Brunnen und zu Todesfällen. Die neu belebte traditionelle Schuhproduktion im wirtschaftlich schwachen Waldviertel in Österreich zeigt, dass es auch lokal geht. Na ja, so ganz lokal ist das nicht mehr, auch der Waldviertler-Laden in Hamburg läuft gut. Ich habe schon mehrere tolle Schuhe dort gekauft, die schon sehr lange halten.

Die Herstellung von Kleidung kann in klassischer lokaler Produktion erfolgen, wobei die Herstellung des Textilgewebes selber ein komplexes Thema ist. Da sind erfinderische Leute gefragt, die das schwierige Gewerbe mit dem Gewebe machbarer machen. Die Kleinproduktion aus lokaler Wolle von glücklichen Schafen ist ein Weg, die Leineweber könnten vielleicht auch wiederkommen. Es gibt zwar genug Informationen, aber bisher nicht so viele erfolgreiche Kleinunternehmen. Im Bereich Hanftextilien gibt es einige Erfolge – ich habe mal einiges Geld bei der Beteiligung an einer weniger erfolgreichen Pionierfirma verloren. Man sollte immer eine ganze Reihe von Produkten herstellen, um keinen Abfall und mehr Ware zu bekommen.

Meine Liste möglicher Produktion im Neuen Dorf könnte sehr viel länger werden. Man kann nach dem lokalen Bedarf und den eigenen Fähigkeiten und Interessen handeln, und es darf auch mal was schiefgehen. Gerade wenn die Menschen drei Tätigkeiten ausüben und die Projekte mit anderen zusammen entwickeln, ist ein Rückschlag besser zu verkraften. Aus den Notizen füge ich noch an: Kunst und Kunstgewerbe, Künstlerbedarf, Instrumentenbau, Spiele und Spielgeräte, Kletterwälder, Anlagenbau für Produktion und Freizeit, Seilerei. Saatgutvermehrung ist wesentlich, denn »wer die Saat hat, hat das Sagen« (Buchtitel von Anja Banzhaf).

Fazit: Einfach Jetzt Machen![89]

Nicht alles geht in jedem Dorf, wenn zu viele das Gleiche machen, kann es eng werden. Die Dorfgenossenschaft oder Dorfgemeinschaft kann eine Art Börse für Angebote zur Mitwirkung, für Ideen, aber auch mit Obergrenzen für die jeweiligen Bereiche führen. Mit gemeinsamem Vertrieb, Anlagen-, Werkstatt- und Maschinennutzung können sich viele gute Kombinationen ergeben. Es ist nicht alles geeignet für lokale Produk-

9 – *Produktion im Neuen Dorf: hundert Kleinbetriebe!*

tion, durch 3-D-Drucker kann man aber sehr komplexe Teile recht günstig herstellen. Ein Freund aus Österreich, Erfinder und Pflanzenkenner, ist immer an den neuesten Entwicklungen dran. Er wurde letztes Jahr von einer Gruppe von jungen Rennfahrern mit historischen Fahrzeugen auf das Problem von inzwischen zehn kaputten Vergasern angesprochen. Die sollten im Laden je 800 Euro kosten. Er hat sie im Wohnzimmer für 400 Euro produziert, allerdings war das der Preis für alle zehn zusammen … Inzwischen gibt es sogar »druckbare« Materialien, die bis über 400 Grad Celsius hitzefest sind.

Hundert Dienstleistungen
im Neuen Dorf

Fernarbeit im Gemeinschaftsbüro

Etwa drei bis fünf Prozent der klassischen Arbeitsplätze in Deutschland sind weitgehend unabhängig vom Ort. Extreme Formen der Fernarbeit sind die »Arbeitsnomaden«, die teils ohne festen Wohnsitz von den ihnen genehmen Orten in der Welt aus arbeiten.

Kaum eine Fernarbeit geht ohne Breitbandinternetanschluss, im ländlichen Raum ist der aber oft nicht vorhanden. Wo die Konzerne oder die Gemeinde keine schnellen Anschlüsse zur Verfügung stellen, kann das Neue Dorf diese gemeinschaftlich als Anschluss an ein eigenes lokales Netzwerk aufbauen.

Wer möchte, kann bei entsprechenden Qualifikationen und Kontakten vom Lande aus in der Globalwirtschaft arbeiten. Jeder Mensch ist frei, seine Beschäftigung zu suchen. Mit dem Wunsch nach gesellschaftlich sinnvollen und ökologisch akzeptablen Bereichen wird sich allerdings manches ausschließen. Das gute Leben für alle ist sehr stark von einer dauerhaft sozial und ökologisch tragfähigen Wirtschaft abhängig. Es gibt zum Glück einen sehr großen Bereich gesellschaftlich sinnvoller Fernarbeit, die ohnehin auch in Firmen und Behörden immer besser akzeptiert wird. Neben der Fernarbeit sind auch die reisenden Tätigkeiten oft nicht abhängig von einer Stadt – eine gewisse Anbindung an Transportwege braucht das Neue Dorf ohnehin.

Die Gartenbank:
Geldwirtschaft im Neuen Dorf

Ein Neues Dorf kann leicht 200 bis 300 Kleinstunternehmen[90] umfassen. Zusätzlich sind genossenschaftliche Strukturen für gemeinsames Wirtschaften sinnvoll und nötig. Wie kann die lokale Wirtschaft funktionieren? Die üblichen Geldsysteme erscheinen im Frühjahr 2017 vielen Fachleuten als fragil, die hohe Zahl von Währungsreformen in der Geschichte deutet auf mögliche Neustrukturierungen hin. Die Golddeckung der Währungen wurde schon lange aufgegeben und auch nicht durch andere reale Werte ersetzt. Die wundersame Giralgeldschöpfung durch Geschäftsbanken bei Kreditvergabe zeigt ein pervertiertes System.

Aktuell hat der oben schon erwähnte Meditationslehrer und Bürgerrechtler Thomas Mayer zusammen mit dem »Schloss Tempelhof«-Mitgründer Roman Huber ein Buch zum Thema »Vollgeld« veröffentlicht.[91] Die Giralgeldschöpfung soll wie das Gelddrucken ebenfalls ein staatliches Privileg werden, was es komischerweise bisher nicht ist! Konventionelle Kredite sollten vermieden werden, es ist sinnvoll, mit alternativen Geldunternehmen wie der GLS-Bank oder der Umweltbank zusammenzuarbeiten. Man sollte auch Vereinbarungen für eine mögliche Währungsreform einbeziehen.

Hervé Falciani war IT-Experte bei einer der globalen Großbanken, die sich des Schweizer Gesetzessystems im Auftrag internationaler Steuerhinterzieher bedienen. Ihm drohen für das Aufdecken Tausender Steuerdiebstähle in der Schweiz fünf Jahre Haft. So bleibt er ihr fern, aber er hat international viele Unterstützer. Statt an der globalen Monopolisierung gegen die Menschen arbeitet er jetzt in Spanien an einem lokalen Onlinebezahlsystem. Es sollen nicht mehr von Millionen von Geschäften aus aller Welt die unglaublichen drei bis fünf Prozent der überwiesenen Summen bei einer Bank hängen bleiben.

Lokale Onlinesysteme können für ein Netzwerk von Gartenringdörfern und auch für die Kunden in der Stadt attraktiv sein. Interessierte Teilerwerbsminifarmer schaffen sich so einen weiteren Teilzeitjob für vor oder nach dem Gärtnern und bieten zu einem fairen Preis die Zahlungsleistungen in staatlichen oder lokalen Währungen an. Mit dem gleichen

System könnten Waren und Dienstleistungen sowie Stundenkonten verwaltet und verrechnet werden. Dienstleistungen im Gartenringdorf können auch durch Mikrofilialen von sozialökologischen Banken angeboten werden – die »Gartenbank«.

Die leider inzwischen verstorbene Margrit Kennedy[92] hat die wesentlichen Möglichkeiten von Komplementärwährungen über viele Jahre detailliert erarbeitet. Sie hat mir gegenüber auf die Einfachheit und besondere Stärke von real basierten Inhaberschuldverschreibungen hingewiesen, die im herkömmlichen Rechtssystem ohnehin möglich sind. Bei derartigen Systemen wird außer bei Vereinbarungen zwischen lediglich zwei Parteien / Personen / Kleinstunternehmen eine Verrechnungsstelle nötig sein, die für den Ausgleich nach den gewählten Modalitäten sorgen kann. Margrit hat auch erzählt, dass selbst bei Komplementärwährungen ab und zu Betrug vorkommt. Ich selber habe Betrugsfälle auch innerhalb der Alternativszene gesehen, die ich absolut nicht für möglich gehalten hätte. Da sind das bewährte Vieraugenprinzip und eine transparente Kontrolle nützlich, zumindest bis man bei der Schenkwirtschaft angekommen ist.

Heiltätigkeiten und häusliche Altenpflege

Über die sehr breite Palette an Heilberufen inklusive der Pflanzenheilkunde mit lokalen Produkten brauche ich hier nicht viel zu schreiben. Das Neue Dorf sollte allerdings aktiv auf die Dienstleistung »Präventionsberatung« setzen, was den Bedarf an Heilpraxen sinnvoll beschränken dürfte. Dazu gehört ganz wesentlich das Anschauen und Auflösen eigener und übernommener Traumata (Psychokinesiologie) sowie Verstrickungen (familiäre: Aufstellung; karmische: Rückführung).

Die Bevorzugung der Prävention, eine immunstärkende Lebensweise mit Sinnerfüllung sowie ein Tagesablauf mit freudvoller Bewegung können chronische Krankheiten oft vermeiden. Das allein ist ein guter Grund, im Neuen Dorf zu leben. Die eigene aktive Handlungsfreiheit ist für echte Gesundheit ganz wesentlich, die übliche Fremdbestimmung im Alltag ist inakzeptabel. Wenn die Heilmethoden gut gewählt werden und auf Wunsch auch psychische Traumata und Verstrickungen aufgelöst werden, ist eine strahlende Gesundheit bis ins hohe Alter sehr wahrscheinlich.

Als ich nach vielen Jahren keine Lust mehr auf meine Arbeit in der Siedlungswasserwirtschaft hatte, machte ich eine Ausbildung in Psychokinesiologie beim Institut von Dr. Dietrich Klinghardt.[93] Dietrich ist weltweit einer der innovativsten und erfahrensten Entwickler hochwirksamer Heilmethoden. Er steht mit etlichen Mitarbeitern in der Praxis, gibt aber auch Kurse und Ausbildungen.

Für mich tat sich dann nach dem Ausflug in die Heilarbeit mit meiner Arbeit zur Bodenfruchtbarkeit eine so spannende Welt auf, dass ich dann doch bei meiner Professur blieb. Inzwischen hat mir Dietrich gesagt, dass meine Arbeit doch viel wichtiger sei als seine. Das habe ich zurückgewiesen: Nur wenn die großen und kleinen Traumata der Menschen aufgelöst werden, wir die körperlichen und seelischen Vergiftungen loswerden, können wir wirklich gesund sein und liebevoll mit der Natur zusammenleben.

Letztlich brauchen wir beides dringend – »Bodenheiler« könnte eine schöne Dienstleistung werden! Zumal nur ein vitaler Humusboden mit allem, was die Pflanzen wollen, auch Mensch und Tier wirklich gesund hält. Dazu habe ich einen Artikel geschrieben, den Dietrich so gut fand, dass er ihn übersetzen und auf seine US-Internetseite stellen ließ.[94] Solche Rückmeldungen tun mir gut – so versuche auch ich gute Ideen und Initiativen zu bestärken.

Ein wichtiges mikroskopisches Labor

Es sollte im Gartenring eine besondere Dienstleistung für die Heilberufe verfügbar sein: ein Labor für Mikroskopie! Hier können durch die längere Beobachtung des lebenden Blutes chronische Infektionen und die weitverbreiteten Wurmerkrankungen und die teils absolut verheerenden Parasiten sichtbar gemacht werden. Weitverbreitete Parasiten können Menschen depressiv machen, Gene verändern, sie können uns sogar in den Selbstmord treiben.[95] Die Ursachen dieser unspezifischen und teils schwersten Erkrankungen werden fast nie erkannt. Ich halte es für grundlegend, dass wir uns gesellschaftlich und individuell diesen Herausforderungen stellen.

Mit biologischer Beratung nach Blutmikroskopie (mit Dunkelfeldausstattung) kann eine Behandlung empfohlen werden. Der Aufbau solcher Heilmöglichkeiten kann interessierte Menschen beim persönlichen Wachstum sehr unterstützen. Menschen mit einem guten Leben, die sich bewegen und auch meditieren, sind weit weniger anfällig. Der Aufbau eines solchen kleinen Labors kann in einem Neuen Dorf sehr hilfreich sein, da es zum Beispiel auch für Humusuntersuchungen und Pflanzenkrankheiten genutzt werden kann. Die Kosten für ein Mikroskop sind überschaubar, sein sinnvoller Einsatz erfordert aber sehr viel Wissen und Erfahrung. Weiter oben habe ich schon auf das immense Wissen über das mikroskopische Leben im Menschen von Professor Günther Enderlein hingewiesen, auf das durch die medizinische Doktorarbeit von Elke Krämer zurückgegriffen werden kann.

Häusliche Altenpflege: erträglich durch Teilzeit

Vor einiger Zeit war ich zu einem Interview für eine Sendung im Deutschlandfunk eingeladen. Die engagierte Journalistin hatte zuvor eine Sendung über die katastrophale Situation der Altenpflege in Deutschland gemacht. Sie schilderte, dass die Interviews mit den meist osteuropäischen Pflegekräften sie extrem mitgenommen hätten. Es herrschen offenbar eine unmenschliche Ausbeutungsmentalität und häufig Übergriffe und Gewalt gegenüber den Frauen, von denen ständige Verfügbarkeit erpresst wird.

Wenn trotz guter Vorsorge und eines Lebens mit Bewegung Pflegebedarf entsteht, sollten die Menschen möglichst mit häuslicher Pflege in ihren Häusern oder Wohnungen[96] bleiben können. In Modulhäusern kann dann eine Einheit vermietet werden, sodass die Pflegekosten besser getragen werden können. Und gerade bei der Pflege ist die Teilzeittätigkeit besonders wichtig; bei diesen oft physisch wie psychisch sehr schweren Arbeiten ist eine Teilzeitstelle mit Ausgleich in anderen Bereichen vorteilhaft. Zugleich kann im Neuen Dorf mit Pflege ein Teil der für die lokale Wirtschaft erforderlichen Einkommen generiert werden.

Ältere Menschen sollten spätestens im üblichen Ruhestandsalter in ein Neues Dorf ziehen. Nach den Erfahrungen von Fachleuten ist es sehr ungünstig, wenn sehr alte Menschen in ein ganz neues Umfeld umziehen müssen. Das Heranholen pflegebedürftiger Eltern ist natürlich etwas anderes und im Neuen Dorf sicher machbar, dass sie ganz in der Nähe, aber nicht direkt im eigenen Bereich wohnen – in der Stadt mit Wohnungs-knappheit ist es meist aussichtslos.

In Italien hat vor einigen Jahren ein Bürgermeister das immer schwie-rigere Problem der Altenpflege mit einem verfallenden Dorf in der Nähe der Stadt zusammengebracht. Wie so oft: Ein Problem ist schwer zu lösen, mehrere zusammen oft viel leichter! Das Ganze wurde ein Erfolgs-modell, die Älteren konnten schöner und günstiger leben, die Menschen, die beruflich mit Alten zu tun haben, zogen oft gerne mit. Das geht im Neuen Dorf natürlich genauso! Zusätzlich sollen stabile Sozialbeziehun-gen den Bedarf an teurer professioneller Pflege so eingrenzen, dass sie bezahlbar[97] bleibt.

Abwassersysteme und Stromnetze betreiben

Wasser-, Abwasser- und Abfallsysteme müssen nicht nur geplant und ge-baut, sondern auch langfristig professionell betrieben werden. Im Garten-ringdorf geht es um besonders kostengünstige und ressourceneffiziente Systeme. Dezentrale Systeme sind im Bau oft sehr viel günstiger, haben aber einen höheren Betriebsaufwand. Wenn das ein lokales Kleinunter-nehmen macht, bleibt das Geld dafür im Dorf, oder man kann über Tausch abrechnen. Es muss aber auch Menschen geben, die das können und wollen. Gegenüber den Behörden muss die Fachkenntnis nachge-wiesen werden.

Ähnliches gilt für die Wartung und den Betrieb lokaler Stromnetze und lokaler Kommunikationssysteme einschließlich der Anbindung ans Breitbandinternet. Um die Nachteile der Großstadt nicht auch ins Neue Dorf zu bringen, sollten die Systeme wenig Elektrosmog produzieren. Bei der Gründung eines Neuen Dorfes können Interessierte auch entspre-chende Aus- und Fortbildungen anfangen und schon bei der Planung der Anlagen mitwirken.

Wartung, Transport und Feuerwehr

Mit dem Wachsen und Reifen der Gartenringdörfer entstehen Aufgaben in den Bereichen Betrieb, Wartung und Reparatur. Auch der Gebäudeunterhalt, technischer Service, aber auch Feuerwehr, Rettungsdienst, Sicherheits- und Brandschutzbeauftragte und Versicherungsanbieter gehören dazu. Busverkehr, Transport und Kombinationen davon gehören ebenfalls zu den erforderlichen Aufgaben – sicher oft auch zusammen mit Nachbardörfern.

Bei der ländlichen Neubesiedlung können wir in Europa viel von den Menschen in wirtschaftlich schwachen Regionen der Welt lernen. So kann man in Westafrika lernen, dass bei Pkws und Lkws eine geringe Modellvielfalt sinnvoll ist. So dient jedes verendete Fahrzeug noch als Ersatzteillager. Natürlich nimmt man solche Modelle, die robust und reparierbar sind und in der Herstellung durch Nachhaltigkeit überzeugen.

In der Stadt ist es meist sehr einfach, ohne Auto zu leben. Auf dem Land ist das oft mit erheblichen Einschränkungen verbunden. Wenn die meisten Beteiligten auch noch Kleinunternehmen betreiben, gibt es zusätzlichen Bedarf, der aber globale Transporte unnötig machen kann. Bei einer Dorfgröße von etwa 150 Menschen kann man aber sehr leicht einen Fahrzeugpool betreiben und auch Mitfahrt und Mitnahme von Waren organisieren. Der Fahrzeugpool hat auch leichte Elektrofahrzeuge, die vielleicht sogar lokal produziert und auf Langlebigkeit gebaut wurden. Heutige Elektro-Pkws mit gewaltigem Eigengewicht erscheinen mir pseudoökologisch und haben nach Aussage mehrerer forschender Ärzte offenbar gesundheitsgefährdende elektromagnetische Felder.

Ergänzend zu Fahrzeugpool und Mitnahme könnte noch ein großräumigeres Netz für den Transport aufgebaut werden. Viele Länder haben Kleinbusse als Sammeltaxis, die einen flexiblen Liniendienst fahren und auch Güter mitnehmen. Diese funktionieren erstaunlich gut, und das zu sehr niedrigen Preisen. Auf den Philippinen gibt es wundervoll verzierte fahrende Kunstwerke, in der Karibik haben die Kleinbusse riesige Boxen – Reggae für alle in Discolautstärke.

Einkauf und Vertrieb, Market-Ding

In Norddeutschland wurde auf dem Land in Autobahnnähe ein sehr großes ökologisches Schauprojekt realisiert. Es wurde sehr viel Geld investiert, es hatte eine sehr starke Ausgangsposition gegeben. Der Initiator wunderte sich, dass dann so gut wie niemand kam. Leider war er schnell in Konkurs. Man sollte die interessierten Menschen auch informieren, ich wäre damals sehr gerne gekommen …

Das Marketing der Konzerne basiert oft auf Manipulation und der Schaffung künstlicher Bedürfnisse. Auch hier: Hand aufs Herz! Was wollen wir wirklich, was ist kurzlebige Fantasie? Das Neue Dorf muss sichtbar sein, transparent, informativ. Man muss mit Kunden in Kontakt treten, ohne ihnen auf die Füße zu treten. Das wäre dann ein gutes Market-Ding, den konkreten Bauernbiomarkt zu beschicken, CSA-Kunden zu gewinnen, Restaurants von der hohen Qualität der Produkte wissen zu lassen. Das ist im Gegensatz zum üblichen Marketing, der reinen Steigerung der Verkaufszahlen beliebiger Produkte, eine schöne Aufgabe, und es wird sicher nicht an Interessenten mangeln.

Neben den etablierten Vertriebswegen[99] von Bauern hat das Neue Dorf einen entscheidenden Vorteil: Durch sehr viele Minifarmen bzw. Produzenten kann eine große Vielfalt in größeren Mengen angeboten werden. Für Obst und Gemüse ist aus meiner Sicht der kurze Weg vom Feld auf den Teller absolut entscheidend. Die wesentliche Qualität neben allen Spurenelementen liegt in der Vitalenergie, die nach dem Ernten (Töten) der Pflanze schnell schwindet. Lebendlieferung wäre bei manchen Pflanzen machbar. Samen und Knollen halten die Vitalenergie natürlich länger, aber auch Eier sind nur wenige Tage wirklich hochwertig. Erinnern Sie sich? Mit zehn Prozent Leinsaat im Futter sind sie auch Gehirnnahrung.

Ich möchte hier einfach zur Kreativität aufrufen. Ein Beispiel dafür habe ich in Glückstadt bei einer meiner Elbsegeltouren gesehen: Dort gibt es einen »Regalladen«, wo Produzenten sogar einzelne Regale in einem für alle Mieter betriebenen Laden mieten können. So einen Laden könnten sich einige Neue Dörfer teilen, darin dann vielleicht auch ein Bistro und ein Stadtbüro aufmachen.

Kleinmaschinenringe,[100] Lohnarbeit und Arbeitselefanten

Vor Kurzem habe ich auf einem großen anthroposophischen Hof einen Elektroradlader gesehen – der erschreckt dort die Esel nicht so und wäre für den Verleih auf Minifarmen ideal. Kleinmaschinenverleih, Lohnarbeiten mit Geräten und Fahrzeugen sind besonders nützliche Kleinunternehmen. Sie passen auch gut mit dem oben erwähnten Fahrzeugpool für Autos zusammen.

Aber genug von Fahrzeugen. Ein ganz besonderes Arbeitsfeld ist die Arbeit mit Eseln, Zugpferden, Lamas, Kühen, Wasserbüffeln – oder Elefanten. Letzteres ist nicht wirklich als Witz gemeint, die Idee habe ich vom Bauern, Permakulturpraktiker und Landsitzgründer Robert Briechle im Allgäu. So wie ich ihn kenne, wird er früher oder später tatsächlich ein Paar Arbeitselefanten in Unterthingau ansiedeln.

Arbeitstiere können bei der Umgestaltung des Geländes und Tiefenlockerung bei der ersten Bodenaufbereitung helfen, beim Bau von Regenwassermulden, beim Aushub von Teichen, Brunnen bohren, Transporte in der Umgebung leisten, im Winter die Baumstämme schonend aus dem Wald rücken sowie Schnee räumen und so einiges mehr. Dazu kommen die Freizeitqualitäten wie Reiten, Kutschfahrten, aber auch die Erhaltung alter Tierrassen im Sinne und im Netzwerk der Archehöfe.

Pferde und andere Zugtiere könnten bei Minifarmen von Ökolohnunternehmern[101] beschäftigt werden. Der »Contrary Farmer« Gene Logsdon berichtet von seinen Gesprächen mit den vor einigen Jahrzehnten bereits sehr alten Bauern. Viele haben in etwa gesagt: »Als die Arbeitspferde von den Farmen verschwanden, verschwanden auch die Gewinne.« Tiere brauchen keinen Diesel, liefern hochwertigen Dünger, und manche liefern auch noch Milch. Für den Anbau des Futters wird allerdings viel Platz gebraucht, dort könnten jedoch auch Nahrungsbäume wachsen. Geräte gibt es bei Schmitz Pferdezugtechnik, die Tierführer müssen aber absolut vertraut mit der Arbeit und dem Tier sein.

Eine ganz andere Arbeit mit Tieren habe ich kürzlich bei einem Besuch im Café eines Hofes bei Hitzacker in der Nähe der Elbe kennengelernt: Im Gartenbau gibt es vielfach große Probleme mit Wühlmäusen, aber kaum ökologisch akzeptable Lösungen. Hier wird die Wühlmaus mit einem Frettchen herausgetrieben und von seinem Teampartner, einem Dackel, in Empfang genommen. Die beiden Tiere müssen von früh an zusammen aufwachsen, dann bleibt das Frettchen beim Dackel. Wenn eine Person im Neuen Dorf solch eine Dienstleistung erbringt, gibt es wieder einen Teilzeitjob, Tierfutter, und die Gartenbaubetriebe haben eine Sorge weniger. Meine Erstlektorin Annette Huber hat viel England-erfahrung auf Biohöfen und ergänzt, dass dort Frettchen traditionell zur Kaninchenbekämpfung eingesetzt werden. Da geht es eher ohne Dackel, sondern mit Netzen. Aber Vorsicht, Ratten können die Frettchen übel verletzen! Wenn aber Wühlmäuse überhandnehmen, sollte man immer ergründen, was eine ökologische Selbstregulation verhindert. Auch eine solche Beratung wäre großartig, erfordert aber sehr viel Wissen und Erfahrung. Das wäre ein Job für den Erfahrungsaustausch unter vielen Neuen Dörfern und interessierten Ökobauern.

Kita, Schule, Ausbildung, Studium, Kultur

Zahlreiche »Karrierechancen« gibt es auch im Bildungsbereich der Neuen Dörfer: Kita, Schule, Berufs- und Erwachsenenbildung, Lokale Studien-angebote bzw. Fernstudium können je nach Größe des Gartenrings an-geboten werden. Wenn es viele Kleinbetriebe gibt, kann es eine über-greifende Berufsausbildung geben. Eigene Schulen sind machbar, die Hürden in Deutschland sind zwar hoch, dafür übernimmt der Staat nach einer Übergangszeit einen erheblichen Teil der Finanzierung.

Der Aufbau von Studienangeboten ist möglich, besonders wenn sie sich an den vielfältigen Themen in Gartenringdörfern ausrichten. Staat-liche Anerkennung ist vielleicht weniger wichtig als eine gute Qualitäts-kontrolle. Es gibt aus dem Global Ecovillage Network die GAIA-Uni-versity.[102] Ein Kernbereich der etablierten Ökodörfer sind Seminare zu Gemeinschaftsbildung, Ökologischem Bauen oder Permakultur. Aber Vorsicht: Wenn das alle machen, wird es schnell zum Überangebot kom-men, selbst bei deutlich mehr Nachfrage durch Neue Dörfer. Zusätzlich zu den Seminarangeboten gibt es immer noch die Kultur: Theater-, Tanz-, Film- und Musikvorführungen … Der Seminarraum vom Werktag wird am Wochenende zum Veranstaltungszentrum und will bespielt werden. Tolle regelmäßige Veranstaltungen oder auch Festivals locken oft viele Gäste an – wenn das Programm wirklich überzeugt. Im Gegensatz zur Konsumkultur in der Stadt gibt es hier vielfältige Mitmachmöglichkeiten. Die »Kulturelle Landpartie« im Wendland bietet zwei Wochen lang ein ganzes Buch voll Veranstaltungen und ist in der ganzen Region so etabliert, dass sie ein echter Wirtschaftsfaktor geworden ist. So werden auch mehr Übernachtungen gebucht.

Ferienangebote im Neuen Dorf

Beliebte ländliche Tätigkeiten sind natürlich die Vermietung von Gästezimmern und Urlaubsangebote. Wenn ein Gartenringdorf nicht nur eine halbwegs gute Lage mit Wasser, echtem Wald oder Bergen hat, sondern auch noch vielfältige, spannende Aktivitäten anbietet, werden solche Angebote sicher attraktiv sein. Auch die Mitarbeit auf den Minifarmen ist für viele Städter sicher interessant. Um Leerstand von Gästezimmern in Regionen mit Sommerurlaub zu vermeiden, könnten für das Sommerhalbjahr auch Zeltplätze angeboten werden und im Winterhalbjahr die Räume fest vermietet werden.

Friseursalons gibt es selbst in eher öden Stadtteilen in erstaunlicher Zahl, da funktioniert noch ein kleiner Teil der lokalen Wirtschaft. Die Pflanzenfarben zum Färben sind auf dem Land einfacher zu produzieren. Andere Arbeitsfelder wären Wellness-Verwöhnprogramme: Bäder, Massagen, Sauna, pflanzenbasierte kosmetische Behandlungen – das ganze Programm. Allerdings vermute ich, dass es im Neuen Dorf nicht allzu viele Nagelstudios geben wird – die Gärtnerin hat vielleicht andere Prioritäten.

Gemeinschaftsbüros und Journalismus

Viele der Büroarbeiten der Dienstleistungen können vom eigenen Haus oder der eigenen Wohnung aus erledigt werden. Es ist aber für viele Menschen wichtig, Beruf und Wohnung zu trennen. Zusätzlich ist natürlich das Miteinander im Gemeinschaftsbüro wertvoll. Guten Journalismus mit wirklich relevanten Themen kann man inzwischen von jedem Online-computer aus machen, in den Gartenringdörfern könnte ein Recherche-netzwerk entstehen. Die Qualität und die Sichtbarkeit der Medienarbeit werden für die Ausbreitung der ländlichen Entwicklung mit Lokalwirt-schaft sicher ganz wesentlich sein.

… und dazu noch 300 Teilzeitjobs

Das Neue Dorf braucht Unternehmer! Leider ist unternehmerisches Den-ken nicht sehr verbreitet, es erzeugt sogar bei manchen Menschen ein tie-fes Misstrauen. Doch beim Neuen Dorf geht es um lokale Kleinbetriebe, und die brauchen unternehmenslustige Menschen. Nach sozialwissen-schaftlichen Studien und auch nach meinen Erfahrungen sind es eher die Kinder mit entsprechend tätigen Vorfahren, denen der Aufbau von Unternehmen gewissermaßen im Blut liegt.

Im Rahmen einer Genossenschaft, deren Mitglieder Kleinunterneh-mer sind, ist die Hürde zur Selbstständigkeit schon leichter zu überwin-den. Hier gibt es ähnlich unternehmerisch aktive Menschen, einen ge-meinsamen Vertrieb und eine einfache wechselseitige Zusammenarbeit. Ein solches Modell muss der Expansion klare Grenzen setzen, es sollen möglichst viele Menschen mit eigenen Kleinbetrieben in guter Nachbar-schaft arbeiten können. Diese Kleinbetriebe stellen dann oft einen oder mehrere Teilzeitjobs bereit, sodass es auch genug Arbeit für ganz hart-näckige Nichtunternehmer oder noch unsichere Einsteiger geben wird.

Professionelle Dorfplanung und fiese Fallstricke

Beim Aufbau und bei der Erweiterung des Gartenringkonzeptes sind schon vor Beginn Bau- und Siedlungsplanung erforderlich. Aus ganz-heitlicher Sicht sollten Radiästhesie (Teilbereich Rutengehen), Geoman-tie sowie die Baubiologie von vornherein berücksichtigt werden. Bei der Planung von Gebäuden sollte der Goldene Schnitt berücksichtigt werden, Maße in Zoll sollen eine angenehmere Energie haben (altes und neues Wissen der »heiligen Geometrie«). Auch Landschaftsplanung sowie Gar-tenbau-/Waldgarten- und Permakulturberatung sind gefragt.

Doch wer soll das alles machen, welche Menschen können so ein Projekt positiv gestalten und zum Gelingen beitragen? An dieser Stelle ein paar Ratschläge aus meinen langjährigen Erfahrungen: Bei allen Aufgaben sollte man aktiv auf Leute mit Erfahrung und einem guten Ruf zugehen. Bei Ökodorfprojekten schleichen sich manchmal charismatische Glücksritter ein und ziehen die Gruppe rhetorisch geschickt an sich. Selbst wenn jemand zunächst ohne Honorar arbeitet, werden Abhängigkeiten geschaffen, die sich später rächen können.

Mitgründer, die auch einen Teil der Leistungen erbringen, sind natürlich vorteilhaft, aber die fachliche Qualifikation und Referenzen müssen geprüft werden. Das ernsthafte Interesse von diesen »internen« Anbietern sollte vor dem Auftrag beispielsweise durch den Kauf eines Genossenschaftsanteils gezeigt werden – ansonsten ist die Mitwirkung vielleicht nur gespielt und eine unschöne Art der Auftragsakquise, die nicht selten ist. Gerade solche Planer, die wegen eines schlechten Rufs keine Aufträge bekommen, haben viel Zeit und sind oft in finanzieller Not.

Die Einlagen der Mitwirkenden sind die beste Finanzierung, müssen aber sehr sorgsam und erst so spät wie nötig verwendet werden. Die Einzahlungen sind wichtiger Prüfstein des wirklichen Interesses, eine gewisse Summe sollte daher relativ früh fällig werden. Freies Handeln ohne Sachzwänge sollte das oberste Ziel sein – man sollte ein Projekt lieber fallen lassen, wenn es keine gute Eigendynamik entwickelt. Um das besser zu erkennen, sollten sowohl der Kopf als auch das Herz[98] mitwirken.

Die Zehn-Millionen-Euro-Frage

Startgeld für ein Neues Dorf

Kommen wir endlich zu der Frage, die sehr schnell gestellt wird, wenn es um die Gründung eines Neuen Dorfes geht: »Wer soll das bezahlen?«

Nun, die besten Investoren sind die zukünftigen Unternehmer selber. Um diese zu finden, und zwar die wirklich passenden, ist eine konkrete Vision nötig. Für die Realisierung ist eine Rechtsform erforderlich, was beim Neuen Dorf gut eine Genossenschaft sein kann. Bei allen geschäftlichen Aktivitäten muss Verantwortung übernommen werden – die sollte gerecht verteilt und das Risiko gering gehalten werden. Wenn der Träger ein Verein sein soll, können alle Mitwirkenden auch Vorstand sein.

Um das Startkapital, Land, Gebäude und Geräte zu bekommen, ist ein tragfähiger Geschäftsplan erforderlich. Wegen des Verlustrisikos an klassische Banken, sei es durch nicht tragbare Zahlungen an Zins und Tilgung oder durch eine Währungsreform,[103] sollten die Mitwirkenden ihre Anteile möglichst aus dem privaten Umfeld bekommen. Wenn das nicht ausreicht, ist die GLS-Bank sicher ein idealer Ansprechpartner; sie ist auf ökologische Projekte besonders auf dem Land spezialisiert. Durch breit verteilte private Bürgschaften in überschaubarer Größe wird das Risiko für den Einzelnen verringert. Für die Vorlage bei Banken muss der Geschäftsplan die banklübliche Struktur haben, und die Frage nach Sicherheiten ist zentral.

Das Neue Dorf sollte nicht mit möglichst wenig Geld gegründet werden, sondern mit einer angemessenen Summe. Die Gefahr bei einer auf Angst basierenden Minimalfinanzierung liegt in der Ineffizienz und Plackerei wegen fehlender Geräte gerade in der schwierigen Anfangsphase. Zugleich ist gerade zu Beginn besonders viel Aufwand für den Aufbau des Vertriebs erforderlich – das geht nicht »nebenher«. Wenn es finanziell nicht ausreichend ausgestattet ist, sollte ein Projekt nicht oder noch nicht gestartet werden. Statt provisorischer[104] Hütten sollten von Anfang an solide Häuser mit geringen Betriebskosten gebaut werden – erst einmal klein, aber modular erweiterbar. Investitionen führen allerdings im Dorfmodell auch zu Umsatz in der lokalen Dorfwirtschaft, im eigenen Projekt. Bei den Planungen muss man daher zwischen dem Geldabfluss nach »außen« und dem internen Austausch unterscheiden. Wichtig ist der Aufbau von realer Wertschöpfung, Kredite müssen sehr sorgsam genutzt und schnell überflüssig werden. Das Neue Dorf ist eine gesellschaftlich wichtige Entwicklung, daher sollten auch Fördermittel eingeworben werden. Das ist allerdings auch wieder ein Job für sich – wenn, dann richtig.

Was kostet eine Minifarm?

Das Neue Dorf hat eine Gruppe von vielleicht hundert Minifarmen. Die Finanzierung des eigenen Betriebes kann natürlich über die Gesamtgesellschaft (Genossenschaft / Verein / gGmbH etc.) organisiert werden. Die Verantwortung für die Teilfläche, Gebäude und Einrichtungen und die Sicherheit des dauerhaften Wohnrechtes bis hin zur Möglichkeit der Vererbung ist aber auf jeden Fall sicherzustellen. Es werden nur wenige Menschen mitmachen, wenn die gesamte Aufbauarbeit und das investierte Geld nicht so sicher sind, wie es nach unserem Rechtssystem geht. Das heißt zumindest Erbpacht für das Land, Grundbucheintrag oder Teileigentum. Die Verpfändung des Landes (etwa als Sicherheit bei der Bank) sollte ausgeschlossen werden, ein Verkauf nur innerhalb der Gesamtgesellschaft oder nach klaren Akzeptanzkriterien für mögliche Käufer erfolgen. Das ist eine große, aber nötige Hürde für die Finanzierung, Banken sind bei Gemeinschaftseigentum inzwischen jedoch flexibler geworden.

Zunächst zu den Kosten für die Ausrüstung einer Minifarm: »Market Gardener« Jean-Martin Fortier hat die Anfangsinvestitionen für seine auch ökonomisch sehr gut laufende Minifarm in Kanada für Gewächshäuser, Geräte sowie Verarbeitung auf etwa 30.000 Euro (ohne Land und Wohnhaus) beziffert. Eine größere Gruppe von Minifarmen kann diese Summe auf die Hälfte und weniger senken, indem sie Geräte gemeinsam nutzt und die Produktverarbeitung mit Waschen, Sortieren, Konfektionieren und Kühlen im Dorfzentrum in Gemeinschaftsanlagen stattfindet. Mit Land, fahrbarem Mikrohaus zum Einstieg und später eigenem Minimodulhaus, Anteilen an Gemeinschaftseinrichtungen und Betrieben liegt der Geldbedarf pro Minifarm je nach Größe und Eigenleistung bei etwa 50.000 bis 250.000 Euro. Man ist dafür aber sofort nach Einzug frei von Mietzahlungen und kann eigene Nahrung ernten. Die erzielbaren Einkommen in Tauschwaren, Lokalwährung und Verkauf in die Stadt sollten ein komfortables Leben in Wohlstand,[105] ohne dauerhafte Plackerei und mit Rücklagen für wetterbedingte Ausfälle, Krankheit und Alter ermöglichen. Hohe Produktivität einer biointensiven Minifarm wird meist allerdings erst nach mehrjährigem Humusaufbau erreicht, der ein Schwerpunkt in der Aufbauphase sein muss.

Zinsfreie Finanzierung der Minifarm mit Wohnhaus

So könnte es gehen: Das oben erwähnte genossenschaftliche JAK-System in Schweden ist ein zinsfreies Anspar-Kredit-Modell, das durch geringste Kreditkosten eine Schuldenfreiheit innerhalb von zehn Jahren ermöglicht. Damit wäre auch der wesentliche Teil einer real basierten Alterssicherung erledigt. Es ist möglich, mit etwa 500 Euro pro Monat nach circa zwei Jahren ein erstes kleines Haus[106] für ein bis zwei Personen auf vielleicht 2.500 Quadratmetern eigenem Land zu bauen und in weiteren acht Jahren komplett abzuzahlen. Im nördlichen Klima ist zumindest ein großes Gewächshaus erforderlich, das aber auch einen erweiterten Lebensraum darstellen kann. Es ist selbst im Winter bei einigen Sonnenstunden angenehm warm darin und erweitert die Produktivität durch Wintergemüse und Vorziehen enorm. Folientunnel sind recht preiswert, es sollten aber nur besonders langlebige Folien angeschafft werden.

Die Gründergruppe des Neuen Dorfes tut sich zusammen, um ein solches Finanzierungsmodell aufzubauen. Allein das Bauen schafft bereits Arbeit, mit der einige der Beteiligten ihre Finanzierung bestreiten können.

Um die Spekulation im Neuen Dorf zu unterbinden, ist eine Koppelung des Bodenpreises an den für landwirtschaftliche Flächen sinnvoll. Eine gelungene und gesunde Permakulturbepflanzung und Nahrungsbäume stellen natürlich einen hohen Wert dar, der auf faire Weise berücksichtigt werden sollte.

Wahrscheinlich wird es ein paar Menschen geben, die wesentlich mehr als andere investieren können und wollen. Das sollte dann aber nicht zum Palastbau auf der entsprechenden Minifarm führen. Einen prachtvollen Bau als Dorfkern mit vielen Wohnungen, Kleinbetrieben, Seminarraum, Laden und Café fände ich allerdings charmant. Ich plädiere wie erwähnt für einen Aussichtsturm, der zugleich auch Wasserturm, Wahrzeichen, Attraktion für Besucher und Schlauchturm für die Feuerwehr sein könnte.

Wege zur Finanzierung des gesamten Neuen Dorfes

Wenn die einzelnen Minifarmen finanziert sind, ist damit bereits ein erheblicher Teil des Hofkaufes machbar. Es müssen aber auch die gemeinschaftlichen Flächen, Wege, Weiden und Wald und die gemeinschaftlich genutzten Gebäude des Dorfzentrums bezahlt werden. Es hat erhebliche Vorteile, die gesamte Finanzierung mit allen Beteiligten zusammen aufzubringen. Die oft sehr hohen Renovierungs- und Umbaukosten der Hofgebäude sind eine große Hürde.[107]

Ein Gartenringdorf mit einer sinnvollen Größe erfordert Investitionen von etwa zehn bis 25 Millionen Euro. Darin sind aber alle Minifarmen enthalten, mit 100 Betrieben je 100.000 Euro sind das allein schon zehn Millionen. Dafür bekommt man mit etwas Suchen einen entsprechenden Hof, allerdings muss neben dem Kauf der Fläche auch das Geld für alles andere da sein. Daher sollten die Anteile jeweils einen eigenen Teil und einen Anteil am Gemeinschaftseigentum enthalten.

Mit klaren Konzepten und einer starken Gruppe sollte man zu seriösen Institutionen wie der GLS-Bank gehen, die viel und erfolgreich in ökologischen Landbau investieren. Die Strukturen müssen so aufgebaut sein, dass eine klare Ausrichtung, klare Regeln und Verträge und die Vermeidung von Gelegenheiten zum Abgreifen zu Anfang erfolgen. Die

Dorfgründungsgruppen werden lernen, und durch Vernetzung wird solides Wirtschaften machbar. Insbesondere genossenschaftliche Strukturen haben bei der genannten Größe Vorteile, da das arbeitslose Verdienen großer Summen von externen Investoren ausgeschlossen werden kann und zugleich das Risiko für alle Beteiligten überschaubar bleibt. Mit einer professionellen Planung kann und muss die nachhaltige Wirtschaftlichkeit gezeigt werden. Damit wird es oft nicht allzu schwer sein, das Startkapital zu bekommen. In jedem Fall muss von Anfang an mit den Gemeinden und allen Betroffenen gesprochen werden, nur mit dem erklärten Interesse und der schriftlichen Zusage der Genehmigung des Projektes kann man loslegen. Wie kommt man aber jetzt an Startkapital?

Beim Neuen Dorf ist aus meiner Sicht die anteilige Eigenfinanzierung der Trägergenossenschaft durch die Kleinunternehmer und ihr Umfeld das beste Modell. Bei vielleicht 200 beteiligten Personen für ein Neues Dorf gibt es ein engeres Umfeld (fünf gute Bekannte oder Verwandte) von vielleicht 1.000 Menschen, ein erweitertes Umfeld (50 Bekannte, Kollegen) von vielleicht 10.000 Menschen! 10.000 potenzielle Kunden und Bürgen für bis zu fünf Millionen Euro (bei dem GLS-Maximalbetrag von 500 Euro pro Person).

CSA, Regionalwert-AGs und Ausgleichsflächen

Wenn ein Gartenringdorf geplant wird, sollte ganz am Anfang der Markt für die wesentlichen geplanten Produkte gesucht und mit aufgebaut werden, da ist das erweiterte persönliche Umfeld der ideale Startpunkt. Die Solidarische Landwirtschaft ist ein großartiger Einstieg, bei dem zukünftige Kunden Anteile erwerben. Die Anteile können durch vergünstigte und prioritäre Belieferung und vielleicht die gelegentliche Nutzung einer Ferienwohnung interessant werden. Als Partner für die Finanzierung bietet sich wiederum die GLS-Bank an, deren Ziele ohnehin die Förderung nachhaltiger Landwirtschaftsmodelle, lokaler ökologischer Wirtschaft und menschengerechter Bildung sind.

Es gibt aber immer mehr Aktivitäten; so höre ich immer häufiger von tollen Aktionen, beispielsweise der Regionalwert-AG Hamburg.[108] Nach den Kriterien dieser Bürgeraktiengesellschaft könnten Gartenringdörfer ideale Partner sein. Leider gibt es Regionalwert-AGs es noch lange nicht in allen Regionen. Ein Neues Dorf könnte aber für das eigene und weitere Projekte gleich eine solche mitgründen. Das muss man allerdings bewältigen können, es sind gute Kontakte, ein langer Atem, soziale Kompetenz und Fachkenntnis nötig.

Wegen der Möglichkeit der Sicherung von Geldgebern und Bürgen durch Realwerte und die lokale Produktion sind die Investitionen letztlich nicht wirklich riskant. Das persönliche Risiko des Hausbaus kann über Verkaufbarkeit des Genossenschaftsanteils oder die Abbaubarkeit und Transportierbarkeit der Hausmodule reduziert werden. Ein sehr großer Teil des investierten Geldes, wenn es sorgsam eingesetzt wird, ist als Sachwert greifbar.

Es gibt noch mehr Wege, den ökologischen Nutzen auch in Geld zu verwandeln. Bei den vielen spannenden Gesprächen mit dem oben schon erwähnten Robert Briechle aus dem Allgäu, der den Hof der Familie zu einem »Mutterhof« mit vielen Minifarmen umstellt, erfuhr ich von folgender Idee: Unter bestimmten Voraussetzungen kann ein Anteil eines Neuen Dorfes eine Ausgleichsfläche für Eingriffe in die Natur durch Baumaßnahmen werden. Dann können Summen von 70 Cent bis zwei Euro pro Quadratmeter zur Verfügung gestellt werden. Ich habe oben schon über Roberts Projekt geschrieben: Die Artenzahl war von den 18 Arten der Bioland-Weide auf über 180 Arten in den Permakulturgeländen gestiegen. Die Mittel für Ausgleichsflächen könnten so Mensch und Natur zugutekommen und einen Teil der Flächen und der Bepflanzung mitfinanzieren.

Was man vermeiden sollte

Noch ein Wort der Warnung: Bei der Geldsuche wird man vermutlich irgendwann an einen rhetorisch brillanten Menschen geraten, der von Businessplänen und engen Kontakten zu namhaften Investoren zu berichten weiß; er könne die notwendigen Summen innerhalb kürzester Zeit besorgen. Das klappt dann zwar nicht, die Gründe dafür scheinen aber plausibel und das Versprechen, eine noch größere Summe nun aber wirklich in Kürze auftreiben zu können, ebenfalls … Im Umfeld der Investorensuche für eine Firma für Wasser- und Nährstoffrecycling habe ich dieses Spiel mit allen Varianten und Hunderten von Menschen weit über zehn Jahre lang erlebt. Inzwischen ist der Running Gag »nächste Woche kommen ja die Millionen« bei den Leuten, die mal wieder kein Gehalt bekommen haben, schon sehr abgenutzt. Ich rate dringend, sich von diesen großartigen Schauspielern fernzuhalten! Ich weiß auch von einer Gemeinschaft, die sich für eine ganz große Sache viel Geld geliehen hatte. Als dann klar wurde, dass alles Illusion gewesen war, gab es schwere Probleme. Es ist aber wirklich herausfordernd, bei so tollen Möglichkeiten realistisch zu bleiben; es heißt also auch hier »Hand aufs Herz« und auch das Bauchgefühl ernst nehmen. Um die Spreu vom Weizen zu trennen, helfen einfache Maßnahmen: selber klare Pläne haben, typische Betrugsmodelle im Internet ansehen, Aussagen überprüfen, Belege für Behauptungen fordern und Referenzen zeigen lassen. Dann ist der Glanz meist schnell verflogen.

Nach dem großen Investor sollte man ohnehin nicht suchen, da dieser in der Regel nur dann investiert, wenn ein hoher Profit zu erwarten ist und die volle, dauerhafte Beherrschung möglich ist. Ich bin inzwischen sicher, dass eine Gruppe mit guten Konzepten, Visionen und genügend echten Anpackern eher keine Betrüger anzieht und selbstverständlich auch keine auf Dauer herrschenden Investoren akzeptiert.

Politische Gestaltung einer guten Zukunft

»Die gegenwärtige Bauernvertreibung vom Land
(durch strukturelle Gewalt) muss gestoppt werden. Das Land und unsere
Agrarkultur brauchen wieder mehr Menschen.«

Freisinger Kreis[109]

Lokale Politik zur Stärkung der Region

Ich bekomme bei meinen Vorträgen und Gesprächen in Dörfern zum Konzept der lokalen Wirtschaft durch größere Gründergruppen überwiegend positive Rückmeldungen. Die gravierende Entvölkerung in der Fläche ist eine soziale und ökologische Zeitbombe, die letztlich auch die Städte zerstören könnte. Die Wiederbesiedlung im großen Stil nenne ich Neues Dorf. Es gibt viele damit verträgliche Ansätze, aber letztlich muss eine Größe entstehen, die neben einem interessanten Umfeld auch Schulen und Altenpflege tragen kann.

Das Thema der Landflucht wird inzwischen immer stärker diskutiert, dennoch sind von den erstaunlich vielfältigen Ansatzpunkten für neue Entwicklungen meist nur wenige bekannt – mutige und visionäre Politik ist in Zeiten der »Mangelverwaltung« viel zu selten. Eine Gruppe von interessierten Menschen und konstruktives Mitwirken in der lokalen Politik können hier aber mit konkreten Konzepten einen Umschwung herbeiführen. Kreise und Gemeinden können vieles bewegen. Ich schreibe dieses Buch, um Anregungen zu geben, damit Neue Dörfer realisiert werden, damit es einen Aufschwung der lokalen Wirtschaft von, für und mit den Menschen in der Region gibt.

Gemeinden können viel zur Verbesserung der lokalen Wirtschaft tun, wenn es Interessenten gibt. Es kann aber offenbar noch viel weiter gehen. Im deutschen Grundgesetz und in den Lissabonner Verträgen der EU ist das Subsidiaritätsprinzip verankert. Es gibt Menschen, die auf lokaler Ebene nach dem aktuell geltenden Rechtsrahmen neue Wege finden. Gemeinden können sich mit demokratischen Beschlüssen eine neue Rechtsordnung geben und mit der Lokalwirtschaft aus der oft erdrückenden Schuldenlast herauskommen. In Wittenberg gibt es eine entsprechende Bürgerinitiative;[110] es geht dieser Gruppe ganz konkret um die Umstellung auf ökologische Landwirtschaft und den lokalen Handel. Ich kann die rechtliche Situation wegen der komplexen Zusammenhänge nicht beurteilen. Wie immer ist es gut, wenn Interessierte sich ihre eigene Meinung bilden. Die Bürgerinitiative aus Wittenberg berät auch Gemeinden oder Bürgergruppen.

Ein sehr großer Teil der Wirtschaftsleistung wird auf unanständige Weise entnommen: Mit direkten und indirekten Kosten zahlen wir alle für die stillschweigende Abtretung der oben erwähnten Giralgeldschöpfung[111] an private Banken. Durch ein deutlich monopolisiertes Krankenkassensystem, meist auf der Basis von Symptomunterdrückung, fehlt das Geld für ganzheitliche Medizin. Da viele Menschen andere Behandlungen fordern, gibt es langsam eine Bewegung in Richtung der Wahlfreiheit, die eigentlich selbstverständlich sein sollte. Es noch viele weitere Bereiche, in denen die Menschen ihre Belange selber in die Hand nehmen können. Die Wittenberger Bürgerinitiative schlägt vor, dass eine Gemeinde mit einer neuen, legalen Rechtsordnung eigene Tankstellen betreibt. Damit allein können bei niedrigeren Preisen aus einem Teil der Mineralölsteuer viele wichtige Ausgaben der Gemeinde getragen werden. Ich sehe aber auch die Notwendigkeit einer angemessenen Mitfinanzierung der Infrastruktur des Landes, so werden die Menschen auf dem Land auch das Straßennetz benutzen. Das Thema der Subsidiarität ist spannend und hat in der Politik ohnehin einen hohen Stellenwert.

Wirtschaftspolitik für die lokale Produktion

E. F. Schumacher hat, wie oben erwähnt, in »Small is Beautiful« bereits in den 1970er-Jahren geschrieben, dass nichtinhabergeführte Kapitalgesellschaften zur Machtkonzentration führen. Die Politik hat vor Jahrzehnten die Chance vertan, über Inhaberbindung und Sozialabgaben auch für Automaten eine soziale Marktwirtschaft sicherzustellen. Es ist absurd, dass derjenige, der das Kapital einbringt, dauerhaft ein Unternehmen beherrschen kann. Es muss aber tatsächlich mit lokaler Initiative politisch wie praktisch gehandelt werden, um die demokratische Freiheit erhalten zu können.

Mahatma Gandhi hatte in Indien mit vielen Menschen entgegen den Verboten der Kolonialmacht Salz produziert – in diesem Sinne, aber ohne das Risiko der damaligen Aktivisten, kann man jetzt die lokale Wirtschaft aufleben lassen. Es gibt Alternativen zum Preiskampf, der von außen bestimmt wird: Das Modell der Solidarischen Landwirtschaft, in dem interessierte Menschen die Lebensmittelproduktion in »ihrem« Betrieb anteilig finanzieren, ist auch auf andere Bereiche einer neuen lokalen Wirtschaft anwendbar. Wenn dann ohnehin schon Vertriebsstrukturen vorhanden sind, können mit kurzen Transportwegen auch weitere Güter aus lokaler ökologischer Produktion angeboten werden.

Die Reaktionen der großen Politik auf eine starke Förderung der lokalen Wirtschaft werden spannend sein; komischerweise werden erfahrungsgemäß gerade für Kleinbetriebe schwer überwindbare Hürden aufgebaut. Die EU hat sogar versucht, das direkte Tauschen von Saatgut zu verbieten, was einige aktive Menschen jedoch bisher verhindern konnten. Mit gigantischen »Förderprogrammen« werden ganze Regionen für agroindustrielle Megaprojekte zerstört. Derzeit sollen die wertvollsten Buchenwälder in Europa für Eukalyptusmonokulturen vernichtet werden. Die eher undemokratische EU-Administration muss dringend reformiert werden.

In der internationalen Politik sind derzeit die Außenhandelsüberschüsse in der Diskussion. Länder mit jahrelangen Defiziten wie die USA wollen diese nicht mehr akzeptieren. Länder wie Deutschland profitieren massiv von hohen Überschüssen, die wiederum ein Hauptgrund für die momentan ökonomisch sehr starke Wirtschaft sind. Die Vorteile der Länder mit sehr starken und anhaltenden Überschüssen sind aber die Nachteile für die Wirtschaft derer mit Defiziten. Da in den USA jetzt Gesetze zur Förderung der Produktion im Land verabschiedet werden, kann sich in den nächsten Jahren ein Vorteil für die lokale Produktion ergeben. Der unfaire Wettbewerb mit Lohn- und Preisdumping sowie der Vernachlässigung der hohen Kosten der teils verheerenden Umweltbelastungen in anderen Teilen der Welt wird dann abnehmen.

Vereinte Nationen?

Auf globaler Ebene sieht es leider auch nicht besser aus, da die UN von wenigen mächtigen Staaten weitgehend kontrolliert werden. Ein dysfunktionaler Kompromiss mit Vetomächten hatte am Anfang ein ehrliches Scheitern der Gründung verhindert. Eine echte UN als demokratisches politisches Weltparlament zur Abstimmung eines verbindlichen Rahmens für die vielen dringenden globalen Zukunftsaufgaben bei regionaler Autonomie ist überfällig. Regierungschefs müssten global gültige Regeln beachten und an der Ausplünderung ihrer Länder durch scheinbar übermächtige Interessengruppen gehindert werden. Bodenerosion und Wasservergiftung könnten zu Strafzahlungen führen, die dann für die ursächliche Lösung der Probleme eingesetzt werden könnten. Zum Glück betreiben viele UN-Organisationen hervorragende Projekte. Die Neuen Dörfer passen sehr gut zu den Aktivitäten von UN-HABITAT (Weltsiedlungsgipfel), der UNEP (Umweltprogramm) und von UNDP (Entwicklungsprogramm) – diese Programme erreichen sehr viele Menschen.

Die Politik der lokalen Produktion in Nordamerika

In den USA wird immer mehr über die große Bedeutung einer stärkeren lokalen Lebensmittelproduktion diskutiert. Seit 2014 unterstützt die »Farm Bill« in den USA lokale Produzenten. Die Zahl der »Market Gardeners«, die meist als Kleinbetriebe die direkte Umgebung beliefern, nimmt schnell zu. Die enorme Profitabilität von effizient betriebenen ökologischen Minifarmen haben, wie oben erwähnt, Jean-Martin Fortier sowie Perrine und Charles Hervé-Gruyer detailliert beschrieben.

Professor Elliot Campbell von der University of California, Merced School of Engineering, hat mit seinem Doktoranden Andrew Zumkehr eine weitreichende Untersuchung publiziert: 90 Prozent aller US-Amerikaner könnten vollständig aus einem Umkreis von 100 Meilen um ihren Wohnsitz herum ernährt werden.[112] Ja, die meisten Regionen könnten sogar eine 80- bis 100-prozentige Versorgung in einem Umkreis von nur 50 Meilen sicherstellen. Campbell stellt den erheblichen sozialen und ökologischen Nutzen der lokalen Lebensmittelversorgung heraus. Mein Kritikpunkt an der ansonsten sehr guten Studie ist die Basis »Kohlenhydratnahrung«. Es ist aber möglich, durch Gemüseproduktion weit mehr und deutlich hochwertigeren Nährwert auf gleicher Fläche zu erzeugen. Zugleich ist mit einer ergänzenden Nahrungsproduktion durch Bäume eine starke Produktionssteigerung auf gleicher Fläche möglich.

Die Abschlussarbeit von Sarah Joseph an der HafenCity Universität Hamburg bei der Professorin Irene Peters kam auch für eine rein ökologische Produktion im Umkreis von 100 Kilometern zu einem ähnlichen Ergebnis. Eine Einschränkung ist allerdings der große Flächenbedarf bei starkem Fleischkonsum. Bei Tierhaltung muss man aber differenzieren: Für Minifarmen sind ein paar Tiere hilfreich für den Humusaufbau und die Resteverwertung. Das bedeutet keinen Flächenmehrbedarf, sondern idealerweise eine erhöhte Gesamtproduktivität, besonders bei Futter von Bäumen. Mit den weiter oben dargestellten biointensiven Methoden kann die Ernährung in einem deutlich kleineren Radius sichergestellt werden. Angesichts der geografischen Situation in Europa ist fast überall eine weitgehende Versorgung aus einem überschaubaren Umkreis möglich. In subtropischen Regionen mit drei Ernten und dauerhafter Obstversorgung ist noch deutlich weniger Fläche erforderlich, es gibt aber oft auch eine sehr viel höhere Bevölkerungsdichte. Die lokale Produktion sollte im Sinne der Lebensmittelsicherheit und der damit verbundenen Wasserreproduktion sowie der Schaffung von sehr vielen Arbeitsplätzen politische Priorität haben.

Wales: lokale Politik für den Planeten

In Wales gibt es die nationale Planungsvorschrift des »One Planet Development«, die Low Impact Development (LID) fördert. Innerhalb einer Generation soll der ökologische Fußabdruck pro Person auf höchstens 1,88 globale Hektar reduziert werden. Auf dem Land dürfen Einzelpersonen, Familien und Gemeinschaften auf Agrarland bauen, wenn sie innerhalb von höchstens fünf Jahren folgende Bedingungen erfüllen:

- Sie müssen ihren Fußabdruck vom walisischen Durchschnitt von 4,41 auf 2,4 globale Hektar reduzieren.

- Alle Gebäude müssen CO_2-neutral in Bau und Nutzung sein.

- Für den Haushalt muss ein lebenserhaltendes Einkommen von mindestens 3.000 Pfund pro Person und Jahr auf dem Land erwirtschaftet werden.

Dies ist ein Bekenntnis zu zukunftsfähigem Leben, natürlichen Baumethoden und ländlicher Lebensgrundlage. Ein kleines Vorreiterdorf mit neun Familien ist das Ökodorf Lammas[113] bei Glandwr in Pembrokeshire.

Es war zunächst sehr schwierig, die eigentlich förderlichen Regelungen in konkrete Baugenehmigungen umzusetzen. Das hat sich mit gegenseitigem Lernen, gemeinsamen Besichtigungen des tatsächlich Gebauten und einer sehr starken Unterstützung der Menschen der Umgebung schließlich jedoch eingespielt. Die ursprüngliche Beweidung mit Schafen hatte etwa 2.500 Pfund pro Jahr eingebracht; nach fünf Jahren Permakultur inklusive Folientunneln konnten mit viel Arbeit und vielen Arbeitsplätzen stattdessen 93.000 Pfund auf dem gleichen Land erzielt werden (zuzüglich Einnahmen aus Seminaren). Die Gemeindeverwaltung verlangt detaillierte jährliche Berichte, was zunächst für die Bewohner eine unangenehme Pflicht war, was sie aber inzwischen sogar hilfreich für das eigene Lernen und die Information der vielen Interessenten finden.

Solch eine Politik kann ein Vorbild für die ländlichen Gemeinden in Deutschland sein. Es ist allerdings auch mit den bestehenden Bestimmungen möglich, ökologische Siedlungen zu gründen. Es sollten immer positive lokale Bedingungen gesucht, das Anliegen klargemacht und die Bewohner der Umgebung von Anfang an informiert werden – ideal ist es, dabei zum Beispiel Kaffee und Kuchen anzubieten.

Neues Dorf trifft Nachbardörfer

Das Neue Dorf ist eine Chance zur Wiederbelebung bestehender Dörfer. Natürlich kann es auch Angst hervorrufen, wenn sich mehr als 100 Menschen auf dem Nachbarhof ansiedeln. Doch vielleicht machen die Kinder der inzwischen sehr alten Bauern mit, die ihren Hof an die Genossenschaft verkaufen? Die Eltern könnten dann auch selber wegen der Nähe der Kinder und der dann verfügbaren häuslichen Altenpflege am Ort bleiben. Es gibt vielleicht Arbeitsmöglichkeiten für einige der abgewanderten Kinder, eine neue Schule, einen Laden, ansprechende Gastronomie. Die lokale Verbindung mit ortsansässigen Personen ist aus meiner Sicht fast immer eine Voraussetzung für eine erfolgreiche Ansiedlung.[114]

Die Voraussetzung für den Aufbau Neuer Dörfer ist, wie oben beschrieben, eine Planung auf der Basis einer tragfähigen lokalen Wirtschaft. Dazu bedarf es dann eines politischen Prozesses mit Abstimmung im Gemeinderat. Es geht um die Information der Öffentlichkeit, der Behörden und der Politiker über das geplante Projekt. Erst dann kann die behördliche Genehmigung erfolgen. All diese Schritte brauchen Zeit, daher sollte mit viel Vorlauf geplant werden.

Vision Neues Dorf:
»Glückdorf«

Martina Mustermann wollte als Grafikdesignerin nicht immer nur Werbung für neue Ausweise machen. Mit knapp 35 war es an der Zeit, etwas Neues zu wagen. Mit diesem Gedanken im Hinterkopf ging sie auf einen Kaffee in die Buchhandlung stories! in Hamburg. Neben sich an der Kasse sah sie einen etwas verkopften Typen, der ein Buch bezahlte. Über den Rand der Kaffeetasse konnte sie nur die Worte »Neues Dorf« und »Vielfalt Leben« erkennen. Sie fragte nach. Es war Liebe auf den ersten Blick. Nicht zu dem Mann, aber zum Neuen Dorf. Weil die Buchhandlung im Buch erwähnt und der Autor guter Kunde ist, war es sogar gleich verfügbar.

Martina war als Marketingspezialistin sehr zielorientiert. Sie beschloss nach einigen Monaten intensiver Beschäftigung mit dem Thema und ein paar verlängerten Wochenenden in Neuen Dörfern, schrittweise zur Dorfentwicklerin zu werden. Nach einer ersten Suche im Internet kaufte sie detaillierte Karten von den Gegenden westlich von Hamburg, in denen sie selber gerne siedeln würde. Echte Karten zum Anfassen waren ungewohnt, aber es war praktisch zum Hineinzeichnen, ein gutes Gefühl von Wirklichkeit. Ihr Büro sollte in das erste selbst entwickelte Dorf verlegt werden. Natürlich wollte sie dazu einen kleinen Gartenbaubetrieb aufmachen und in dem Garten ein eigenes Haus bauen. Als weiteren Job wollte sie einen kleinen Betrieb für Naturhaushaltschemikalien entwickeln, ein Interesse, das sie mit ihrem Mann teilte.

Martin Mustermann wollte allerdings nicht aus Hamburg heraus, war beruflich als Verfahrenstechniker eigentlich nicht flexibel. Martina konnte ihn mit der Entwicklung einer Minifabrik locken, außerdem wünschten sich beide Kinder und für diese ein tolles Umfeld statt der ständig brummenden sechsspurigen Straße vor dem Haus und 35 WLAN-Signalen in der Wohnung. Natürlich wurden Job und Wohnung nicht sofort gekündigt, aber letztlich ging alles glatt und schneller als gedacht. In neuen Arbeitsfeldern können sich die frühen Starter noch gut etablieren. Das war offenbar ihr Weg, so passte immer wieder alles recht gut zusammen.

Glückstadt war denn auch die Region der Wahl, es war ihr vom Segeln her bekannt, ein netter kleiner Elbhafen. Martina war mit Martin einige Male dort gewesen, und siehe da: Die Aussicht auf eine passende Siedlungsfläche in der Nähe eines Jachthafens ließ ihn plötzlich zum Zugpferd des Dorfprojektes werden. Er schaute dann verdächtig oft nach gebrauchten Segeljachten, wollte nebenbei einen Charterbetrieb für ein eigenes Boot aufbauen. Die Planung des kleinen Unternehmens ging voran. Durch den geplanten Direktvertrieb mit überzeugenden Produkten aus regionalen Rohstoffen war die Wirtschaftlichkeit durch geringe Kosten relativ schnell erreichbar. Das Büro »Musterdorf« hat seinen ersten Auftrag selbst geschaffen. Bis auf eine kleine Förderung für den Start gab es zunächst noch kein Einkommen, so hat Martina ihren Job zunächst nur auf halbe Stelle reduziert. Er bereitete ihr dadurch auch wieder mehr Freude.

Im weiteren Bekanntenkreis gab es einige, die sich stark für das Projekt »Glückdorf« interessierten. Bücher hatten in der Anfangsphase sehr geholfen, aber die Praxis bekommt dann eine eigene Dynamik. In Diskussionen entstanden weitere Ideen, die ersten noch ungelenken Entwürfe wurden stimmiger.

Nach gründlichem Suchen fanden sie einen Hof mit achtzig Hektar Marschland in der Nähe der Stör. Martina konnte endlich ihre Kreativität entwickeln, nachdem sie über zehn Jahre hauptsächlich öde und teils eher fragwürdige Produkte beworben hatte. Sie konnte das Projekt Glückdorf nach einer Präsentation und Prüfung auf der Gartenring-Internetseite präsentieren. Damit konnte sie mit einer Open-Source-Vereinbarung für die allgemeine Nutzbarkeit der Ideen auch an den Dorfplanertreffen und Fortbildungen der Technischen Universität Hamburg teilnehmen.

Sie hatte auch die an der TUHH erstellte Abschlussarbeit »Multikrite-rielle Standortauswahl für das Neue Dorf im Umland von Hamburg« genutzt.[115]

Im Rückblick war der Umgang mit den vielen eher vagen Interessenten das größte Hindernis für Martina und Martin. In der Anfangseuphorie hatten sie diese zu ernst genommen, später wussten sie nach drei Fragen, was Sache war. Viele Menschen wissen nicht, was sie wollen, und ziehen andere mit ihrer Unentschlossenheit herunter. Die nervigen Energiesauger vom Typ »Ist doch eh alles Mist!« bleiben weg, wenn sie von den aktiven, positiven Menschen keine Reaktion mehr bekommen.

Martina suchte Menschen, die sich für ein Projekt begeistern können und auch dranbleiben und aktiv mitwirken. Viele von den späteren Dorf-gründern hatten schon vorher etwas vorangebracht und waren auf der Suche nach etwas noch Interessanterem. Sie merkte auch, dass die Jün-geren nach Schule, Ausbildung oder Studium oft nicht wissen, was sie machen wollen. Eigentlich würden sie gern loslegen, aber die üblichen Perspektiven sind nicht ihre eigenen. Sie suchen etwas mit gesellschaftli-chem Sinn, die Vielfalt und ein spannendes soziales Umfeld sprechen sie an. Chats und Facebook-Freunde sollen zu realen Netzwerken werden, die Halsstarre vorm Smartphone nervt inzwischen viele. Die letztlich er-folgreichste Aktion von Musterdorf war die folgende Kleinanzeigenserie:

Arbeitsplätze frei: Genossenschaft Glückdorf bei Glückstadt sucht hun-dert **GärtnerInnen für selbstständigen Permakulturanbau.** Vorzugsweise Teilzeit, Vollzeit möglich. Verarbeitungs- und Vertriebsgemeinschaft sowie eigene Saatgutzucht durch Genossenschaft. Kenntnisse statt Zeugnisse, Kreative AnpackerInnen gesucht. Auch Ausbildungsplätze verfügbar. www.musterdorf.xxl

Arbeitsplätze frei: Genossenschaft Glückdorf bei Glückstadt sucht sechs **Schreiner/BautischlerInnen** in Selbstständigkeit in Gemeinschaftswerk-statt. Vorzugsweise Teilzeit, Vollzeit möglich. Einkaufs- und Vertriebsge-meinschaft sowie eigenes Sägewerk aus artenreichem Genossenschafts-wald. Abgeschlossene Ausbildung und ggf. Meisterbrief willkommen, Kreative AnpackerInnen gesucht. www.musterdorf.xxl

Arbeitsplätze frei: Genossenschaft Glückdorf bei Glückstadt sucht acht **Metallbauer/Schlosser/KlempnerInnen** in Selbstständigkeit in Gemeinschaftswerkstatt. Vorzugsweise Teilzeit, Vollzeit möglich. Einkaufs- und Vertriebsgemeinschaft sowie hochwertiger 3-D-Drucker zur Mitnutzung vorhanden. Solartechnik, E-Kleinfahrzeugbau, Werkzeugbau und vieles mehr. Abgeschlossene Ausbildung und ggf. Meisterbrief willkommen, Kreative AnpackerInnen gesucht. www.musterdorf.xxl

Arbeitsplätze frei: Genossenschaft Glückdorf bei Glückstadt sucht zehn **tierliebe Menschen für artgerechte Freilandhaltung von Nutztieren** in Rotationsbeweidung und Futterwald (Ausnahmegenehmigung für Forschung liegt vor). Kenntnisse der Archeprinzipien und Ausbildung und Erfahrung in ökologischer Tierhaltung und Naturheilkunde sind nachzuweisen. Anstellung in Teilzeit, ggf. Vollzeit durch die Genossenschaft, gerne auch selbstständig. www.musterdorf.xxl

Arbeitsplätze frei: Genossenschaft Glückdorf bei Glückstadt sucht zwölf **AltenpflegerInnen.** Vorzugsweise Teilzeit, Vollzeit möglich. Patienten wohnen zum großen Teil mit eigener Wohnung im Glückdorf. Staatliche Zulassung und möglichst Berufserfahrung sind erforderlich. Auch Ausbildungsplätze verfügbar. www.musterdorf.xxl

Die Resonanz war erheblich, bei vielen sonstigen Berufsangeboten ergab sich die Nachfrage meist passend. Die klare Ausrichtung der Beteiligten und detaillierte Informationen führten zu den richtigen Interessenten, die auch recht gut miteinander harmonierten. Die Nagelprobe waren die Unterzeichnung des Vertrages über den Beitritt zur Genossenschaft und die monatliche Zahlung der zinslosen Ansparanteile mindestens zwei Jahre vor dem Bau. Danach erforderten die tatsächliche Vergabe von Grundstücken, Wohnungen, Werkstattbeteiligungen, Büroanteilen und die Arbeitsverträge für Teilzeitarbeitsplätze in Kinderbetreuung und Schule einen sehr hohen Planungsaufwand.

Mit diesem ersten Projekt wurde eine Internetplanungsplattform entwickelt, die viele dieser Tüfteleien bei weiteren Planungen vereinfachen würde. Beim nächsten Projekt sollte es allerdings keine Nachtschichten mehr geben – das Ziel ist schließlich das gute Leben.

Wie Glückdorf funktioniert? Die großräumigeren Themen, die über die Genossenschaft hinausgehen, werden im Gemeinderat behandelt. Es finden sich immer einige Leute, die da mitwirken und sich zur Wahl stellen. Die Genossenschaft wird professionell und transparent verwaltet, jedes Mitglied kann die Kontobewegungen verfolgen. Was die Minifarmen betrifft, wird in der Gärtnerrunde besprochen. Im Anschluss an die eher kurze große Runde treffen sich die Gärtner zu besonderen Themen, die sich jeweils nach Interesse bilden: essbare Bäume, Imkerei, Weintraubenanbau, elektrische Gartengeräte, Saatgutvermehrung, Humusfütterung, Aquakultur und viele mehr. Die anderen Kleinbetriebe treffen sich intern und bei Bedarf in der Produzentenrunde. Das Gleiche gilt für den Kultur- und Dienstleistungsbereich. Es gibt klar begrenzte Zeiten, damit die Treffen nicht ausufern, und dann möglichst immer einen gemütlichen Teil zum direkten Austausch.

In Glückdorf wohnen zum Glück viele Menschen, die Spaß an Musik, Theater sowie Spiel und Sport haben – und die meisten produzieren auch. Dreimal im Jahr findet daher die KuHGeWo, die »Kunst-, Handwerk- und Gemüsewoche Glückdorf«, statt. Es gibt viele Veranstaltungen, Führungen und Verkaufsstände. Viele der Kunden aus Glückstadt kommen dann heraus, um zu sehen, wo ihre Lebensmittel herkommen und wie ihr Brotaufstrich, das Shampoo oder ein E-Kleintransporter produziert werden.

Ausblick

Es ist so weit! Es entsteht gerade eine starke Bewegung von Menschen, die ihre Zukunft in produktiven Paradiesen sehen. In den letzten Jahren erfahre ich immer öfter von Gründungen von ländlichen Ansiedlungen. Seit Ende 2016 gibt es so viele neue Projekte, dass ich langsam den Überblick verliere. Das Neue Dorf kommt so offenbar zur rechten Zeit, und ich hoffe sehr, dass ich gute Anregungen liefern konnte.

Besonders die engagierten, aktiven und selbstmotivierten Absolventen meiner Hochschule, der Technischen Universität Hamburg, wollen immer häufiger eigene Lebensperspektiven aufbauen. Erfolgreiche Menschen meiner Generation kaufen Höfe, um in die lokale Produktion hochwertiger, vitaler Lebensmittel einzusteigen. Ich bin Optimist geworden! Die Macht der Konzerne schwindet mit lokaler Produktion und persönlichem Wachstum. Freie Menschen brauchen Handlungsfreiheit. Eine gute Zukunft für die Menschen in und mit einer vielfältigen Natur ist machbar – und dringendst nötig. Für das Wasser, für Humusaufbau, ein gutes Klima und für die Freiheit!

Anmerkungen

1 UN Millennium Ecosystem Assessment (MEA), 2005.

2 Ralf Otterpohl, Hermann Paulenz: Barfußhäuschen im Gartenringdorf – Produktives ländliches Leben kann Agrarwüsten und aussterbende Dörfer in Zukunftswerkstätten verwandeln. Oya 18, Januar 2013.

3 Der Biologe Clemens Arvay belegt schulwissenschaftlich: »Die Trennung von der Natur macht uns krank.« Clemens G. Arvay: Der Heilungscode der Natur, Riemann Verlag, 2016.

4 Perrine und Charles Hervé-Gruyer: Miraculous Abundance, Chelsea Green, 2016.

5 Die deutsche Ausgabe liegt heute im oekom verlag vor, der seinen Ursprung in der Schumacher Gesellschaft hat.

6 Langzeitforschung zur Biolandwirtschaft, Vergleiche zwischen Bioanbau und Agrochemie und vieles mehr finden sich unter www.rodaleinstitute.org.

7 Ein Hektar (ha) hat 10.000 Quadratmeter, 100 Hektar sind ein Quadratkilometer. Ein Bauernhof dieser Größe galt früher als groß und ist ideal für ein Neues Dorf.

8 www.slopefarming.org und www.ruvival.de.

9 Gemeinde-Allianz Hofheimer Land: www.hofheimer-land.de.

10 Die vielen schicken Neubaupendlerdörfer in Süddeutschland lassen allerdings vermuten, dass Fahren dort eine Leidenschaft ist.

11 www.gen.org.

12 Wladimir Megre: Anastasia, Band 5 – Wer sind wir?, Govinda-Verlag, 2006, S. 122.

13 David Montgomery: Dreck – Warum unsere Zivilisation den Boden unter den Füßen verliert, oekom verlag, 2010.

14 Seit 2005 fordert die EU für Prämienzahlungen sehr zaghaft auch Maßnahmen zum Tierwohl und zum Bodenerhalt.

15 Persönliche Auskunft, zit. in: Ackerman-Leist: Rebuilding the Foodshed. How to Create Local, Sustainable and Secure Food Systems, Chelsea Green, 2013, S. 279.

16 Gunter Pauli, Chido Govera: The Future of Hope, online unter www.zeri.org.

17 Jörg Lange, Ralf Otterpohl: Abwasser – Handbuch zu einer zukunftsfähigen Wasserwirtschaft, Mallbeton Verlag, 2000.

18 Philip Ackerman-Leist: Rebuilding the Foodshed. How to Create Local, Sustainable and Secure Food Systems, Chelsea Green, 2013.

19 Michael Nehls: Alzheimer ist heilbar, Heine, 2015.

20 Marc Elsberg: Blackout – Morgen ist es zu spät, Blanvalet, 2012.

21 Wilhelm Ripl, Hermann Scheer: Memorandum zum Klimawandel – Notwendige gesellschaftliche Reformen zur Stabilisierung des Klimas und zur Lösung der Energiefragen, Aquaterra, 2007.

22 Siehe dazu Allan Savorys TED-Talk »Die Wüste begrünen und den Klimawandel umkehren« unter youtu.be/vpTHi7O66pl sowie www.savoryinstitute.org.

23 Für Holz gibt es allerdings ökologisch sinnvolle Konzepte, besonders bei Mehrfachnutzung der Bäume und der Holzgasenergie.

24 Thomas Mayer: Zusammenarbeit mit Elementarwesen, Verlag Neue Erde, 2010.

25 Graham Hancock: Magicians of the Gods, Coronet, 2015. Das Buch enthält eine Fülle von Quellen aus referierten wissenschaftlichen Publikationen. Hancock hatte als Journalist vor Jahrzehnten die Machenschaften von Hilfsorganisationen in Afrika aufgedeckt.

26 David Montgomery: Dreck – Warum unsere Zivilisation den Boden unter den Füßen verliert, oekom verlag, 2010.

27 dt.: 4000 Jahre Landbau in China, Korea und Japan, OLV Verlag, 2005.

28 dt.: Der Große Weg hat kein Tor, Pala-Verlag, 2007.

29 John Seymour: Das neue Buch vom Leben auf dem Land, Urania Verlag, 2004.

30 Raoul H. Francé: Das Leben im Boden/Das Edaphon, OLV Verlag, 2012.

31 Russel J. Smith: Tree Crops – A permanent Agriculture, Harcourt, Brace & Co., 1929; freier Download unter www.soilandhealth.org/wp-content/uploads/01aglibrary/010175.tree crops.pdf.

32 Patric Whitefield: Das große Handbuch Waldgarten, OLV Verlag, 2007.

33 Elke Krämer: Leben und Werk von Prof. Dr. phil. Günther Enderlein, Reichl Verlag, 2006.

34 Hans Peter Rusch: Bodenfruchtbarkeit. OLV-Verlag, 2014.

35 Chanyarat Paungfoo-Lonhienne et al.: Turning the Table, in: PLOS ONE 5 (7), 2010.

36 Christopher Bird, Peter Tompkins: Geheimnisse der guten Erde, Omega, 2000.

37 www.anamed.net, Bücher zu Heilpflanzen, Moringa/Artemisa Annua.

38 Wolf-Dieter Storl: Der Selbstversorger, Gräfe und Unzer, 2013.

39 Siehe zum Beispiel »Joel Salatin of Polyface Farms Discusses Grass-fed Cattle« unter youtu.be/5nlcfh2UqV8 und viele weitere.

40 Gene Logsdon: The Contrary Farmer, Chelsea Green, 1995.

41 Infos aus »Die Zeit online«: »Berliner Gartenkolonie: Das Paradies auf Erden« von Iris Radisch, 23.11.2010 und einem Besuch des Autors.

42 Sir Ebenezer Howard: Garden Cities of To-Morrow, Swan Sonnenschein & Co., 1902.

Anmerkungen

43 Leberecht Migge: Jedermann Selbstversorger. Eine Lösung der Siedlungsfrage durch neuen Gartenbau, Diederichs, 1919.

44 Alexander Mahr: Die Stadtrandsiedlung – Ihre Bedeutung für die Bekämpfung der Krise, Gerold & Co., 1933.

45 Franz Groll: Wie das Kapital die Wirtschaft ruiniert – der Weg zu einer ökologisch-sozialen Gesellschaft, Riemann, 2004.

46 www.forschung-und-wissen.de/nachrichten/oekonomie/147-konzerne-kontrollieren-die-gesamte-weltwirtschaft-13371950.

47 Allein ökonomisch gesehen, verursacht Landdegradation pro Jahr einen Schaden von etwa 300 Milliarden US-Dollar, ein US-Dollar Investition in die Restaurierung ergibt fünf US-Dollar Nutzen. Siehe www.ifpri.org/event/economics-land-degradation-and-improvement.

48 www.scientificamerican.com/article/only-60-years-of-farming-left-if-soil-degradation-continues.

49 Brian A. Schaefer: Salvestrole – die Antwort der Natur auf Krebs, Selbstverlag, 2013.

50 Alan Weisman: Gaviotas – Ein Dorf erfindet die Nachhaltigkeit, Piper, 2013.

51 Dafür ist eine riesige Menge Material nötig, die in vielen trockenen Gegenden nicht so leicht zu bekommen ist. Wenn aber erst das Wachstum in Gang gebracht ist, entsteht ganz viel Material auch für weitere Projekte.

52 Wladimir Megre: Neue Zivilisation, Verlag Silberschnur, 2005, S. 21 ff.

53 Eliot Coleman: Handbuch Wintergärtnerei, Löwenzahn Verlag, 2014; Jean-Martin Fortier: The Market Gardener, New Society Publishers, 2014.

54 www.schloss-tempelhof.de.

55 Michael Würfel: Öko Dorf Welt. Eine Reise ins Ökodorf Sieben Linden, Blühende Landschaften, 2014.

56 Biobäuerliche Agrarkultur im 21. Jahrhundert, www.freisingerkreis.org, 2016.

57 Der Film entstand aus dem Erschrecken über die Aussage der Wissenschaftler Barnosky und Hadly: »Wenn wir unsere Gewohnheiten nicht ändern, werden wir zwischen 2040 und 2100 höchstwahrscheinlich Zeuge eines Zusammenbruchs der Ökosysteme.«

58 Perrine und Charles Hervé-Gruyer: Miraculous Abundance, Chelsea Green, 2016.

59 INRA-Studie, freier Download unter www.fermedubec.com/en/.

60 Jean-Martin Fortier: The Market Gardener, New Society Publishers, Canada, 2014.

61 Auch SoLaWi oder CSA (Community Supported Agriculture): Die Kunden zahlen nach Vorausberechnung anteilig die Kosten des Betriebes und bekommen entsprechende Anteile von dem, was geerntet wird.

62 Herwig Pommeresche: Humussphäre. Humus – Ein Stoff oder ein System? OLV Verlag, 2004.

Anmerkungen

63 John Evans: Alaska BounTea: The Secret is in the Soil, youtu.be/BXGqJbFZzCo.

64 Jasper Fforde: Lost in a Good Book, Hodder, 2002, S. 131.

65 Nach einer wissenschaftlichen Untersuchung verbringen die Menschen trotz toller Maschinen gleich viel Zeit mit dem Waschen der Wäsche wie vor deren Erfindung, es wird eben viel häufiger gewaschen. Nach einer anderen Studie aus Belgien riechen Versuchspersonen durch zu häufige Störung der natürlichen Hautbiologie schlechter, wenn sie zu oft duschen. Da könnte ein Zusammenhang bestehen …

66 David Perlmutter, Kristin Loberg: Dumm wie Brot – Wie Weizen schleichend Ihr Gehirn zerstört, Mosaik, 2014.

67 Bill Mollison: The Permaculture Book of Ferment and Human Nutrition, Tagari, 1993, überarbeitet 2011.

68 Gunter Pauli: UpCycling. Wirtschaften nach dem Vorbild der Natur für mehr Arbeitsplätze und eine saubere Umwelt, Riemann, 1999.

69 www.ted.com/talks/allan_savory_how_to_green_the_world_s_deserts_and_reverse_climate_change.

70 Ein Kuhtag bezeichnet die Menge an Futter, die eine Kuh pro Tag braucht, um volle Milchleistung zu erzielen; etwa 20 Kilogramm Trockensubstanz (etwa 23 Kilogramm Heu oder 130 Kilogramm frisches Gras).

71 www.ag-osteland.de/landwut-landmut/landwut-landmut-2016-2.

72 www.myfood.eu/de/.

73 Black Soldier Fly: Die Larven klettern aus einem Behälter ins Becken.

74 Chido Governo: The Future of Hope, Lulu Press, 2009.

75 Paul Stamets: Mycelium Running – How Mushrooms Can Help Save the World, Ten Speed Press, 2005 und viele weitere Publikationen.

76 Die Zwangsbeimischung zu Benzin und Diesel sollte deshalb beendet werden.

77 »Für ein Kilo Rosenöl werden 3,5 Tonnen Rosenblüten benötigt, die allesamt frühmorgens zwischen vier und sieben Uhr von Hand gepflückt werden müssen. Benötigt [wird dafür] eine Fläche von 1000 Hektar. Das Destillationsverfahren in den alten Rosenölöfen ist zudem sehr kompliziert […] Mindestens zweimal muss der Destillationsprozeß stattfinden. Sehr gute Öle sind bis zu sieben Mal destilliert.« www.welt.de/print-welt/article211913/Bluetenwunder-in-Bulgarien.html.

78 Dietrich Klinghardt: Lehrbuch der Psycho-Kinesiologie, INK, 2004.

79 Stephanie Tourles: Insektenabwehr selbst gemacht, Ökobuch, 2016.

80 Otto Schmid, Silvia Henggeler: Biologischer Pflanzenschutz im Garten, Ulmer, 2012.

81 Maximilian Moser, Erwin Thoma: Die sanfte Medizin der Bäume: Gesund leben mit altem und neuem Wissen, Servus, 2014.

82 Erwin Thoma: Holzwunder: Die Rückkehr der Bäume in unser Leben, Servus, 2016, und viele weitere Bücher.

Anmerkungen

---

83 Holz »arbeitet« bei Feuchteänderung besonders quer zur Faser deutlich stärker als Lehm, damit entstehen Fugen; Fachwerkbau empfiehlt sich daher nicht.

84 Wassergebundene Straßen und Wege werden aus Boden hergestellt, der die richtige Mischung und Verdichtung erfordert. Sie sind recht günstig herstellbar.

85 www.opensourceecology.org.

86 xyzcargo.com, Hamburg und Kopenhagen.

87 Hochvernetzte PE-Materialien (HDPE) sind sehr stabil und fast unbegrenzt haltbar. Der Mehrpreis beim Granulat beträgt lediglich 20 Prozent.

88 Schulwissenschaftlich wird immer noch von einigen wenigen essenziellen Spurenelementen ausgegangen. Die Sichtweise ist aber durch vielfache wissenschaftliche Studien widerlegt. Mangel an Elementen hält Menschen und Pflanzen krank und kann Menschen aggressiv und unfähig zum Glücklichsein machen. Dies belegt beispielsweise der Chemiker Dr. Andreas Noack in seinen Vorträgen, die auf YouTube verfügbar sind.

89 Rob Hopkins: Einfach. Jetzt. Machen!, oekom verlag, 2014.

90 Kleinstunternehmen haben laut EU-Definition bis zu zehn Beschäftigte, Kleinunternehmen schon bis zu 50.

91 Thomas Mayer, Roman Huber: Vollgeld, das Geldsystem der Zukunft – Unser Weg aus der Finanzkrise, Tectum, 2014.

92 Margrit Kennedy: Occupy Money – Damit wir zukünftig alle Gewinner sind, Kamphausen 2011; www.moneta.org; www.peerconomy.org; de.wikipedia.org/wiki/JAK_Mitgliedsbank.

93 www.ink.ag, Bücher, Fachzeitschrift für Neurobiologie, Kurse und eine Ausbildungs-DVD-Serie.

94 Ralf Otterpohl: Boden und Gesundheit, Fachzeitschrift für Neurobiologie, INK, 2/2015.

95 Heinz Mehlhorn: Die Parasiten des Menschen, Springer Spektrum, 2012; Elke Krämer: Leben und Werk von Prof. Dr. phil. Günther Enderlein, Reichl Verlag, 2006.

96 Manche ältere Menschen schließen sich frühzeitig in Alten-WGs zusammen.

97 »Bezahlbar« schließt Lokalwährungen, Tausch, Vermietung, Landpacht und Schenkökonomie ein.

98 Hand aufs Herz! Da der Verstand allein uns immer mal ganz scheinrational in die Irre führt, sollten wir für eine breitere Wahrnehmung unser Bewusstsein immer mal im Herzen statt im Kopf fokussieren.

99 Natürlich auch in Regio-Talern, Tausch etc. – aber die Städter haben oft nichts außer Geld und gelegentlicher Hilfe anzubieten.

100 Maschinenringe halten für Gruppen von Bauern Geräten vor, die dann von den Mitgliedern in Abstimmung genutzt werden.

Anmerkungen

101 Lohnunternehmer sind die immer verbreiteteren Dienstleister, die mit ihren immer größeren Geräten, wie Mähdreschern, auf das Feld kommen und für den Bauern bestimmte Aufgaben übernehmen.

102 www.gaiauniversity.org; Ich habe für die GAIA University über einige Jahre Abschlussarbeiten bewertet und war von der Qualität meist sehr angetan.

103 Währungsreformen entwerten Schulden oft weniger stark als Guthaben. Das Neue Dorf schafft Sachwerte.

104 Provisorische Lösungen sollten vermieden werden – sie haben die Tendenz, zu teuren oder nervigen Dauerlösungen zu werden.

105 Ein geschnitztes Holzschild, so spießig wie wahr, in einer Gemeinschaft: »Der sicherste Weg zum Wohlstand ist die Armut an Bedürfnissen.«

106 Das erste kleine Haus bei Minimalkosten sollte wie dargestellt erweiterbar geplant werden, kann aber zunächst auch ein mobiles Mikrohaus sein.

107 Ländliche Gebäude werden oft sehr billig angeboten, werden aber nach Umbau und Wärmedämmung schnell sehr teuer. Das gilt ganz besonders bei Denkmalschutzauflagen.

108 Vorbild für die Hamburger ist die schon 2006 gegründete Freiburger Regionalwert AG.

109 Biobäuerliche Agrarkultur im 21. Jahrhundert, Diskussionspapier, www.freisingerkreis.org, Mai 2016.

110 www.wir-für-alle.org mit »Gemeinderechner«.

111 Die Thematik ist unter dem Thema »Vollgeld« zu finden.

112 Andrew Zumkehr, Elliot Campbell: The Potential for Local Croplands to Meet US Food Demand, in: Frontiers in Ecology and the Environment, 13, 2015, S. 244–248.

113 www.lammas.org.uk/ecovillage.

114 Die Entvölkerung ländlicher Räume ist allerdings so gravierend, dass in manchen interessanten Gebieten fast niemand mehr wohnt.

115 Nachdem ich ohne Kenntnis der Ergebnisse der Bachelorarbeit diese Zeilen schrieb, ist mir die Arbeit präsentiert worden. Die Auswahl fiel auf Neuendorf, unweit von Glückstadt …

Anmerkungen

Sachregister

Sachregister